Erich Kästner

Interview mit dem Weihnachtsmann

Erich Kästner

Interview mit dem Weihnachtsmann

Kindergeschichten für Erwachsene

Herausgegeben und
mit einem Nachwort
von Franz Josef Görtz
und Hans Sarkowicz

sanssouci

6 7 8 9 10 09 08 07

ISBN 978-3-8363-0090-2

Umschlagmotiv: Michael Sowa
Satz im Haus
Druck und Bindung: Kösel, Krugzell
Printed in Germany

Auch das geht vorüber

Manchmal braucht man gar nicht sehr zu rütteln, wenn der Himmel einstürzen soll. Eine einzige ungeschickte Bewegung genügt dann, und er bricht über uns zusammen. Später – nachdem wir ihn wieder aufgerichtet und notdürftig geflickt haben – könnten wir fast darüber lächeln. Wir könnten es tun! Doch wir lassen es schließlich, weil wir die Erinnerung nicht weglächeln können. Wenn eine Puppe zerbricht, geht einem Kinde die Welt unter. (Freilich nur vorübergehend.)

Bei Steinthal und Frau kam es so: Sie waren ein halbes Jahr verheiratet, bewohnten irgendwo zwei Zimmer und gingen beide ins Büro. Er war Buchhalter im Kaufhaus Goldmann. Sie befaßte sich in einer Filiale der Deutschen Bank mit Kontoauszügen. So hätten sie ganz anständig leben können, wenn sie nicht das für heute recht anspruchsvolle Bedürfnis gehabt hätten, eigene Möbel zu besitzen. So hatten sie nach ihrem in den Bayrischen Alpen verbrachten vierzehntägigen Hochzeitsurlaub damit begonnen, ihre zwei leergemieteten Zimmer hübsch und behaglich einzurichten. Mit dem traurigen Resultat, daß sie seitdem Monat für Monat an den Tapezierer Gerstmann fünfzig Mark, an den Malermeister Fritsche zwanzig Mark, an die Möbelfirma Hecht siebzig Mark und an ein Gardinengeschäft in der Seilergasse dreißig Mark abzuzahlen hatten. Hundertsiebzig Mark im Monat!

So kam es, daß sie von einem Spaziergang durch die Altstadt an einem Dezemberabend sehr herabgestimmt nach Hause zurückkehrten. Und so kam es, daß die junge Frau, am Fenster stehend, sagte: »Weißt du ... ich glaube, wir werden uns nichts zu Weihnachten schenken können.«

»Es ist zwar das erste Weihnachten seit unsrer Hochzeit«, meinte er bedrückt und wußte nicht weiter.

»Das hilft nun alles nichts. Wir holen es im nächsten Jahre nach.«

»Gut«, sagte Steinthal.

»Versprich mir, daß du kein einziges Geschenk kaufen wirst!«

»Aber nur, wenn du dasselbe versprichst ...«

»Selbstverständlich.« Steinthal und Frau waren sich einig. Wenn er nun vom Büro aus abends durch die Geschäftsstraßen lief, wagte er kaum, in die Schaufenster zu sehen, und nie blieb er auch nur einen Augenblick vor ihnen stehen. Er konnte ihr nichts schenken. Und außerdem, er durfte es ja nicht einmal.

Einen kleinen Christbaum hatten sie natürlich gekauft. Ein bißchen Schokolade und ein paar Fäden Silberhaar hingen auch daran. Doch als sie dann am Heiligen Abend auf dem kleinen grünen Sofa saßen, das noch nicht ganz bezahlt war, fühlte er sich recht elend und bemitleidenswert. Sie zündete das halbe Dutzend Kerzen an, das, wie der Krämer beschworen hatte, nicht tropfen würde. Er schaute betrübt lächelnd zu, fuhr ihr verlegen streichelnd über den Rücken und sagte: »Du hättest doch einen reichen Mann nehmen sollen. Es ist schon wahr, wir haben unsere Möbel ... Satt gegessen haben wir uns ja wohl auch ... Aber trotzdem, ich hätte dir so gern irgend etwas Hübsches geschenkt. In der Seestraße, bei Blusen-Pracht, lagen so schöne ...« Da war sie aber schon ins Nebenzimmer gelaufen, und er saß allein. »Alter Esel«, meinte er zu sich selber, »nun sitzt sie nebenan auf dem Bett und heult.«

Plötzlich fühlte er ihre Hände vor seinen Augen. Ein Schreck durchfuhr ihn. Und sein Herz begann laut zu klopfen.

»Du darfst mir nicht böse sein«, hörte er sie sprechen. »Du darfst nicht böse sein, aber ich brachte es nicht übers Herz.« Dann löste sie ihre Hände von seinem Gesicht. Vor ihm, auf dem Tisch, lag eine grün und schwarz gestreifte Krawatte, und daneben glitzerten, in einer kleinen samten ausstaffierten Schachtel, zwei schöne Manschettenknöpfe ...

Es waren unheimliche Minuten. Er brachte kein Wort heraus. Ihr Gesicht, das eben noch vergnügt getan hatte, verzog sich Zug um Zug, bis es ganz ängstlich und verzweifelt aussah.

Er erhob sich, legte die Geschenke beiseite, daß sie vom Tisch fielen, und holte Hut und Mantel. Als er angezogen zurückkam, saß sie auf dem (noch nicht völlig bezahlten) Teppich, suchte die Manschettenknöpfe zusammen und schluchzte.

Beide waren so unglücklich! Er, weil er sein Wort gehalten, und sie, weil sie ihm etwas zu Weihnachten geschenkt hatte. Sie wußten sich keinen Rat. Sie kamen nicht auf den Gedanken, einander Vorwürfe zu machen. Denn jeder wußte vom andern: er hat es gut gemeint.

Sie waren nur hoffnungslos traurig. So traurig, wie eigentlich nur Kinder sein können. Es ist schon so: der Himmel war eingestürzt. Alles war zertrümmert.

So blieb es lange … Er stand in Hut und Mantel an der Tür. Sie saß auf dem Teppich und weinte die neue Krawatte naß.

Später wagte sie es, den Kopf ein wenig zu heben, und fragte flüsternd: »Bist du mir sehr böse?«

Da kniete er in Hut und Mantel neben ihr nieder und sagte, beinahe lächelnd: »Nein.«

Und dann begannen sie, den Himmel wieder aufzurichten. Das war eine sehr traurige und zugleich sehr glücklich machende Weihnachtsbeschäftigung.

Puppen und kleine Hunde

Mädchen spielen gern mit Puppen.
Puppen sind so brav! Indessen –
Kocht man für die Puppen Suppen,
Muß man alles selber essen.

Puppen können »Mama« sagen,
Und im Bett, da schlafen sie.
Hauen kann man sie und tragen.
Aber – essen tun sie nie!

Freilich sind sie stets verständig.
Denn sie halten ihren Mund.
Aber sie sind nie lebendig, –
Ach, wie anders ist ein Hund!

Alles, was man kocht, das frißt er.
Selbst die Puppenküche mit!
Hüpfen kann er. Lustig ist er.
Und er weint, wenn ihn wer tritt. –

Und im Arm läßt er sich schwenken,
Wie ein kleines, warmes Kind!
Mädchen – wenn sie artig sind –
Sollte man ein Hündchen schenken.

Ein Puppenduell

Ein Märchen für kleine Mädchen

Es war Nacht. Und Frau Bollensänger, die mit der kleinen Erna längst zu Bett lag, hatte das Licht brennen lassen. Da saßen nun die Puppen in der Stube herum und konnten nicht einschlafen …

»Das Licht macht mich noch verrückt!« schimpfte Margot. Sie war aus Porzellan und innen hohl. Ihr Mann, die Puppe Eduard, schaute ihr verliebt in die Kulleraugen, stand auf, schob das erzgebirgische Dorf beiseite, trat unter die Lampe und versuchte, sie auszupusten. Das ging aber nicht, obwohl er fast dabei platzte. – Kiki, die zerknautschte kleine Stoffpuppe mit den roten Backen, mußte über Eduard lachen. Sie verschluckte sich direkt, und es war nur gut, daß Koko, der Husar, große Hände hatte. Damit schlug er ihr auf den Rücken, bis die Sägespäne wieder in Reih' und Glied lagen.

»Lach' dir bloß keinen Bruch, alberne Gans du!« sagte Eduard zu Kiki. Und das klang fürchterlich, denn er brachte den Mund nicht auf. Kiki wurde rot wie eine Tomate, warf dem Lümmel einen ganzen Satz Puppenteller an den Kopf, so daß Eduards Zylinder aussah, als wäre er mit der Dampfwalze gebügelt worden. Dann sprang sie auf den Husaren los, zappelte mit ihren Stoffbeinen und schrie, daß es die Fliegen an der Decke hörten: »Wenn du mich nicht auf der Stelle rächst, bist du ein Hampelmann und kein Soldat!« – Das fuhr Koko denn doch in den Schleppsäbel! Er hustete dreimal, stellte sich vor Eduard hin und sagte: »Deine Frau kannst du dir einwecken lassen. Bei der quietscht es ja, wenn sie den Arm hebt! Und wenn ich ihr einen Puppenstuhl an den Kopf werfe, geht das Porzellan kaputt. Haha!«

Margot warf Eduard einen Blick zu, – na, ihm wurde heiß und kalt. Dann sagte sie: »Es tut mir leid, Männe; aber du wirst dich mit ihm duellieren müssen.«

»Was werd' ich müssen?« fragte Eduard erschrocken. »Duellieren!« antwortete sie. »Aber das ist doch nicht mehr modern!« sagte Eduard. Der Husar zwirbelte sich den Schnurrbart, schlug die Hacken zusammen und erklärte, er stünde unter Duellverbot. Sonst natürlich furchtbar gern. – Kiki setzte sich neben Margot, flüsterte mit ihr und meinte dann: »Es hilft nichts. Ihr müßt euch duellieren. Ihr müßt die Beschimpfungen mit Blut wieder abwaschen!« Koko rannte sporenklirrend auf und ab und rief in einem fort: »Die Weiber, die Weiber!« Eduard rannte immer hinter ihm her und schwor: »Ich schieß mich nicht mit Ihnen.« Schließlich hakten sich die zwei Puppenmänner unter und setzten sich auf das Fell von Sprüngli. Sprüngli war ein richtiger weißer Pudel und schlief meistens. Jetzt schlief er auch und hörte nicht das geringste. – Eduard und Koko saßen lange so und dachten nach. Dann meinte Eduard: »Also Herr Kamerad, duellieren wir uns! Die Frauen geben uns sonst keine

Ruhe.« Der Husar war einverstanden. Dann stellten sie die Kanonen auf und luden sie. Eduards Kanone stand links, Kokos Kanone stand rechts von Sprüngli, dem Pudel. Margot und Kiki, die beiden Frauen, setzten sich in die Nähe ihrer Männer, um von dem Zweikampf ja nichts zu verpassen. – Eduard ging bis zum Hund, blickte über ihn hinweg und sagte: »Erst sollten wir unsern Damen die Hosen vollhauen, ehe wir uns ihretwegen totschießen.« Der Husar lachte vernügt und nickte. Und dann hörte man einige Zeit, links und rechts vom Pudel, nichts weiter als Schläge und Geheul …

»Sind Sie soweit?« rief der Husar über den Hund weg. »Jawohl!« schrie Eduard, »ich kommandiere, mein Herr! Erster Kugelwechsel – Achtung, fertig, – los!« Da gab es zwei laute Knalle. So laut, als ob jemand mit den Fingern schnalzt, und dann meinte Eduard: »Leben Sie noch?« – »Jawohl, aber meine Kiki haben Sie totgeschossen«, sagte der Husar und fragte: »Leben Sie denn noch?« – »Danke, ja!« antwortete Eduard und blickte sich nach Margot um. Die war auch tot! In tausend Scherben lag sie um ihr Stühlchen herum …

Nachdem sie ihre Frauen zusammengekehrt hatten, trafen sich die Duellanten auf dem Hunderücken und kratzten sich hinter den Ohren. »Das haben sie von ihrem kriegerischen Charakter«, jammerte der Husar, »und was wollen wir nun ohne Frauen machen?« – »Das Einfachste wird sein«, erklärte Eduard, »wir kämpfen bis zur Kampfunfähigkeit weiter.« Und dann ging jeder an seine Kanone zurück. – Der zweite Kugelwechsel ging daneben. Koko schoß mitten in die Puppenküche und Eduard in die Schafherde. Erst beim dritten Kugelwechsel trafen sie sich gegenseitig und waren sofort tot …

Am nächsten Morgen kam Frau Bollensänger in die Stube und blieb entsetzt stehen. Der Anblick war auch schrecklich! Margot, Kiki, Koko und Eduard lagen zerfetzt auf der Erde. Das erzgebirgische Dorf bestand bloß noch aus Hobelspänen. Die Puppenküche war nicht wiederzuerkennen, und die Schafherde sah aus wie Frikassee. Frau Bollensänger schlug die Hände überm Kopf zusammen und wunderte sich halbtot. – Aber dann sah sie den Pudel liegen. Sprüngli schlief immer noch. Sie zog ihn an den Ohren, bis er munter wurde. Er gähnte, blinzelte ins Licht und hatte keine Ahnung, warum er plötzlich Prügel bekam. Oh, bekam der arme Kerl Prügel!

»Untersteh dich noch einmal, Ernas Puppen zu zerfressen!« rief Frau Bollensänger und holte wieder aus. Aber Sprüngli wartete nicht länger, sondern machte sich aus dem Staube. Er rannte vors Haus, kratzte sich und dachte: »Sind das aber komische Leute, die Menschen.« –

Grüße auf der Platte

Arthur und Püppchen, seine Gattin, standen im Kaufhaus. Sie hatten soeben für Arthurs Vater einen Strohhut gekauft, denn Strohhüte sind im Dezember besonders preiswert, und Püppchen machte auf dem Zettel, den sie in der Hand hielt, einen Strich. Wieder etwas erledigt! Der Gatte Arthur war mit Paketen behangen und schien schlechter Laune. »Nun nur noch ein Geschenk für Tante Olga, das ist notwendig«, sagte Püppchen und musterte die Ladentische aufmerksam. Tanten, die alt und wohlhabend sind, verdienen Aufmerksamkeit. »Wir könnten ihr eigentlich auch einen Strohhut schenken«, meinte Arthur.

Sie schüttelte den Kopf.

»Oder einen Ankersteinbaukasten.«

»Verrückt«, sagte Püppchen und suchte energisch weiter.

»Was hältst du von einem vergoldeten Rasierapparat?« fragte er.

»Für Tante Olga?«

Arthur wagte nicht zu nicken, sondern schleppte sich und die Pakete stumm voran. »Halt!« rief er plötzlich und zeigte auf ein Schild. Seine Frau studierte, was darauf stand, und sagte: »Gar nicht übel.« Dann klopften sie, wie das Schild es befahl, an die nächste Tür. Ein Fräulein trat heraus: »Sie wünschen?«

»Wir möchten eine Grammophonplatte mit unserer eigenen Stimme haben«, verlangte Püppchen.

»Für Tante Olga«, erläuterte Arthur.

»Ich kann Ihnen so eine Platte als Geschenk nur empfehlen«, sagte das Fräulein. »Treten Sie, bitte, näher. Eine mittelgroße Platte kann 2 ½ Minuten besprochen werden und ist 500- bis 600mal spielbar. Hier sind zwei Mikrophone. Stellen Sie sich, bitte, nebeneinander, der Herr links, die Dame rechts. Kostet 3 Mark 50, zum Mitnehmen. Es geht gleich los.«

»Aber was sollen wir denn sagen?« fragte Arthur verlegen.

»Viel Glück, Gesundheit, langes Leben, Sie könnten leider nicht bei ihr sein«, schlug das Fräulein vor.

»Einen Vorzug hat diese Art, Glück zu wünschen, schon«, sagte Püppchen. »Man braucht der alten Schraube dabei nicht ins Gesicht zu sehen.«

»Aber es ist deine Tante, nicht meine«, frohlockte Arthur. Das Fräulein war im Nebenraum verschwunden. Das Ehepaar stand vor dem Mikrophon und wünschte der fernen Tante alles Gute.

Am Heiligen Abend erschien Tante Olga beim Bürgermeister Gruber. Man hieß sie willkommen. Der Salon war voller Menschen. Tante Olga begrüßte alle Anwesenden und sagte dann, auf ein Päckchen zeigend, das sie vorsichtig hielt: »Beste Frau Bürgermeister, Sie haben doch ein Grammophon, und ich habe keins. Meine Nichte aus Berlin hat mir eine Grammophonplatte geschickt. Die möchte ich gern mal hören. Meine Nichte und ihr Mann haben nämlich selber auf die Platte gesprochen, schreiben sie. Was es heute alles gibt. Eine Erfindung jagt die andere.«

»Aber gern«, sagte der Bürgermeister, holte das Grammophon heran und zog es auf. Tante Olga wickelte die Platte aus dem Papier, legte sie auf den Apparat und setzte sich, das Taschentuch im Hinterhalt, in einen Sessel. Alles hielt den Atem an. Der Bürgermeister schraubte eine neue Nadel ein, legte sie auf die Platte, stellte den Apparat an und ging auf Zehenspitzen zum Sofa, zu Frau Doktor Riemer. Man saß im großen Kreis, rund um den Apparat. Die Nadel schnarrte. Und dann begann die Platte zu sprechen:

»Einen Vorzug hat diese Art, Glück zu wünschen, schon. Man braucht der alten Schraube dabei nicht ins Gesicht zu sehen ... tschschsch ... Aber es ist deine Tante, nicht meine ... tschschsch ... Na los, sag was Nettes ... tststs ... Was denn? Vielleicht, ob sie hundert Jahre alt werden will? Sitzt in der Provinz auf ihrem Geld, diese knausrige Person ... Kschschsch ... Darf ich bitten, meine Herrschaften, möglichst langsam, laut und deutlich sprechen ... krrr ... Liebes Tantchen! Hier sind Püppchen und Arthur aus Berlin. Wir wünschen dir zum Weihnachtsfest alles Gute. Wir kämen gern mal zu dir hinüber. Na, vielleicht in den Ferien, wenn wir nach Binz fahren ... tschschsch ... Püppchen meinte vorhin, es sei ein wahrer Jammer, daß wir dich so lange nicht gesehen hätten ... tsss ... Treten Sie nicht so nahe ans Mikrophon, meine Herrschaften. Weiter weg, wenn ich bitten darf ... krrr ... Was macht die Gesundheit, Tantchen? Sei nur recht vorsichtig. Arthur meinte, wir sollten dir einen Baumkuchen schicken. Aber bei deiner Verdauung, und außerdem sind wir knapp mit dem Geld ... Pst, sind die zwei Minuten noch nicht bald 'rum? Was soll ich der Person denn noch sagen? ... tschschsch. Sie soll uns, ehe sie in ihrem Geld erstickt, mal einen Tausender schicken ... tss ... Liebe Tante, hoffentlich verbringst du den Heiligen Abend im Kreise von lieben Bekannten. Es ist komisch, wenn man bedenkt, daß wir hier in ein Mikrophon reden, und ihr könnt es da hören. Die Platte ist fünf- bis sechshundertmal spielbar und kostet bloß ... tschschsch ... Pst! Nicht den Preis sagen. Das geht sie einen Dreck an ... tschschsch ... Hoffentlich hat sie das nicht gehört ... tschschsch ... Ach wo, was man leise spricht, kommt nicht auf Platte. Verflucht, ist die Zeit noch nicht bald 'rum? ... tsss ... Hat sie überhaupt ein Grammophon? Nächste Weihnachten kommen wir bestimmt zu dir hinüber. Wir freuen uns jetzt schon darauf, dein liebes altes Gesicht endlich wieder einmal zu sehen ... tsss ... Lach nicht, Arthur ...«

Tante Olga, die bis dahin wie gelähmt dagesessen hatte, stand auf, riß die Platte vom Apparat herunter und warf sie wütend aufs Parkett. Bürgermeisters und die anderen Leute saßen bedrückt herum. Ein paar junge Leute kicherten. Frau Doktor Riemer wollte die arme Tante trösten. »Lassen Sie mich in Ruhe!« schrie Tante Olga und suchte ihren Hut.

»Wo wollen Sie denn jetzt hin?« rief der Bürgermeister. »Bleiben Sie hier, was wollen Sie denn jetzt zu Hause?«

»Mein Testament umstoßen«, erklärte die Tante und schmiß die Türen zu.

Der mißglückte Milliardär

Wenn in den Großstädten etwas los ist – ein Schwimmfest, ein Boxkampf, ein Fußballmatch –, dann finden sich, umgehend, die Vertreter der fliegenden Berufe ein: Zeitungsverkäufer, Brezelhändler, Wurstmänner, und was es sonst gibt. Das Erstaunlichste dieser Art erlebten wir neulich nach einem großen Fußballkampf. Tausende der Zuschauer strömten nach dem in der Nähe befindlichen Vorortbahnhof, um von hier aus wieder nach Haus zu fahren.

In langen Schlangen standen wir vor dem Fahrkartenschalter. Endlich kam ich an die Reihe. Ich wurde vor den Schalter gestoßen und rief dem Beamten zu: »Viermal Dritter!« Plötzlich merkte ich, daß sich jemand an meinen Schuhen zu schaffen machte. Es war klar, daß mir sie jemand putzte! Aber wo und wer? Nirgends war ein Stiefelputzer zu sehen, und nirgends wäre Platz für ihn gewesen. Immerhin, wenn Schuhe gewichst werden, muß wer da sein, der's tut. Ich bückte mich, um dem geheimnisvollen Phänomen auf die Spur zu kommen …

Und da kniete, unter dem Schalter, unansehnlich und den Fußtritten Hunderter ausgesetzt, ein ganz kleiner Junge, kaum zu erkennen, mit einem Wischtuch und bearbeitete die vom Sportplatz verstaubten Damenschuhe und Herrenstiefel. Hunderte traten vor den Schalter. Hunderte verließen ihn gesäubert.

Ich bekam meine Fahrkarten, gab dem Jungen etwas von dem Schalterkleingeld und suchte meine Bekannten. Ich erzählte ihnen von dem winzigen Stiefelputzer, und sie traten näher, um ihn zu besehen.

»Ein raffinierter Knabe«, sagte der eine. »Wenn ihm jeder auch nur fünf Pfennige gibt, bekommt er jetzt in einer halben Stunde«, und er begann erstaunliche Ziffern zu nennen.

»Er hat natürlich von dem Fußballspiel gehört und sich hier postiert, wo alle Zuschauer hintereinander vorbei müssen. So ähnlich haben die meisten Milliardäre begonnen«, meinte der Zweite.

»Und wollen wir wetten, daß er fast nichts verdient? Der Schalterbetrieb geht so rasch. Und die Leute haben es so eilig, zum Zug zu kommen. Und kein Mensch sieht nach, was da im Dunkel an seinen Stiefeln vorgeht. Gebt nur Obacht!« sagte der Dritte.

Wir sahen genau hin. Der Dritte hatte recht. Der kleine Stiefelputzer wurde von den wenigsten bemerkt. Und diese wenigen gaben auch nicht immer! Er arbeitete, was das Zeug hielt. Er arbeitete trotzdem fast vergeblich. Und wie klug hatte er zu sein geglaubt, als er sich unter dem Schalter postierte. Und wie klug hatte ich seinen Einfall gefunden ...

»Das wird kein Milliardär«, sagte der Erste.

»Und wie sehr hätte ich's ihm gegönnt«, sagte der Zweite.

Dann gingen wir eilig nach dem Bahnsteig.

Schulespielen

Altes Rezept. Erneuert von Erich Kästner

Das größte Kind muß an die Tafel schreiben.
Und dauernd ernst sein. Und den Lehrer machen.
Die andern Kinder dürfen Kinder bleiben.
Und sollen nur, wenn er's verbietet, lachen.

Dann gibt das große Kind zunächst den Kleinen
ein schwieriges Diktat. Mit Das und Daß.
Die Mädchen müssen, wenn sie können, weinen.
Sonst machen sie die Hefte anders naß. –

Dann folgt ein Ausflug. Über Perserbrücken.
Rund um den Tisch. Mit Rucksack und Gesang.
Und in den Vasen kann man Blumen pflücken.
Und wandert dreißigmal die Wand entlang.

Die Teppiche sind selbstverständlich Wiesen.
Hier wird gefrühstückt; und hier ruht man aus,
indes im Bad die Wasserfälle fließen.
Dann wandert man, rund um den Tisch, nach Haus.

Am schönsten ist natürlich das Examen.
Da hat der Lehrer einen Gehrock an
und fragt nach Wilhelm Tell und Städtenamen.
Und ob der Artur wohl den Handstand kann.

Dann gibt's Zensuren. Karl und Gustav schwitzen.
Doch Gustav bleibt in diesem Jahr verschont.
Nur Karl der Faule bleibt schon wieder sitzen.
Und sagt ganz laut: »Das bin ich nun gewohnt.« –

Und dann sind Ferien. Und alle lachen.
Das große Kind zieht flugs den Gehrock aus
und hängt ihn in den Schrank, zu Vaters Sachen.
Denn: Vater kommt um diese Zeit nach Haus. –

Der Gymnasiast schreibt an seine Flamme

11.9.27 Riesa

Liebe Liesa!
Daß sich Baumanns Gustav nicht scheniert
und er Dir fortwährend Briefchen sendet,
die ihm seine Base erst dicktiert –
paß nur auf wie das noch endet!
Wo ich Dir die Freundschaftsringe schenke,
während er sein Taschengeld verfrisst.
»Lisa« kratzt der Kerl in alle Bänke!
Und ein Herz drumrum, das angeschossen ist.
Nein, ich kann den Gustav nicht mehr leiden,
seit ihm seine Base Briefchen schreibt.
Dabei ist er garnicht zu beneiden,
Weil er Ostern wieder sietzen bleibt!
Schon beim letzten Gymnasiasten-Fest
sahst du ihn zu oft und zärtlich an.
Wenn er sich auch einen Schnurbart wachsen läßt
und sechs Meter fünfzehn springen kann,
ist er trotzdem noch kein Mann.
Meinetwegen rahm Dir Gustav ein!
Zwischen Dir und mir ist es nun aus.
Morgen haue ich ihn mikroskopisch klein!

und dann schick ich ihn Dir gut verpackt in's Haus.
Lisa, ach! Du bist ein falsches Ding!
Du bist keine von den ewig treuen!
Schick mir endlich meinen Freundschaftsring!!
Und den schenk ich nächstens einer neuen.
Und Du wirst es schon nochmal bereuen.
Du und Gustav ist der reinste Witz
Na mich seit ihr los!

Dein treuer Fritz.

Zwanzig Autogramme

Dieser Tage saß ich mit dem Schauspieler H. im Vorgarten eines Berliner Cafés, dicht an der Straße. H. erfreut sich großer Popularität. Die Passanten machten einander auf das seltene Glück aufmerksam, ihn Kaffee trinken sehen zu dürfen. Dem Bürgersteig widerfuhr eine Verkehrsstockung.

Und dann schoben sich zwei junge Burschen an unsern Tisch, legten einen weißen Zettel auf die Marmorplatte, hielten einen Füllfederhalter bereit, und der eine der beiden sagte: »Bitte sehr, Herr H., geben Sie uns ’n Autogramm!«

H. schrieb seinen Namen. Die zwei Burschen dankten und gingen weiter. Aber eine Minute später kam der eine noch einmal zurück, packte wieder Papier und Federhalter auf den Tisch und sagte: »Ach, Herr H., geben Sie uns doch noch ’n Autogramm. Für ’ne Frau. Sie verstehen.«

H. schrieb seinen Namen noch einmal. Und damit schien die Angelegenheit erledigt.

Aber am nächsten Tag saß ich wieder in diesem Café, und da tauchten die beiden Burschen wieder am Tisch auf. »’n Tag«, sagte der eine, »heute so alleine? Kommt der H. auch wieder her?«

Ich erklärte, ich wisse es nicht genau. (Obwohl ich genau wußte, daß er in zwanzig Minuten kommen würde.)

»Na, er wird schon kommen«, sagte der andere von ihnen.

»Wir gucken später noch mal vorbei. Wir wollen nämlich paar Autogramme von ihm.«

»Um des Himmels willen«, rief ich. »Sie haben doch gestern zwei Autogramme von Herrn H. erhalten!«

»Na und?« sagte der eine. »Zwanzig Stück haben wir schon von ihm.«

»Aber wozu denn?« fragte ich. »Handeln Sie denn damit?«

»Nee, jetzt nicht«, antwortete der andere.

»Später mal«, fügte der eine hinzu.

»Wieso später«, fragte ich.

»Das ist so«, erklärte der andere. »Wir sammeln die Autogramme, und wenn dann so 'nem Manne was Menschliches zustößt, verkloppen wir sie zu höchsten Preisen.«

»Wenn der H. heute stirbt«, meinte der eine, »dann kriegen wir morgen pro Stück fünfzig Mark. Na, und zwanzig Stück haben wir schon.«

»Als der Rastelli tot war«, sagte der andere, »hat man uns für 'n Autogramm von ihm dreißig Mark gezahlt. Wir hatten leider bloß acht Stück.«

»Nun wollen wir aber abhauen«, sagte der eine. »Auf Wiedersehen.« Und dann verschwanden sie, diese beiden Gemütsmenschen.

Als ich H. von der Sache erzählt hatte, sagte er: »Mehr Autogramme kriegen sie nicht. Denn wenn die Kerle dreißig Stück hätten, brächten sie mich womöglich um.«

Der Zauberer hinterm Ladentisch

Auf der Motzstraße in Berlin befindet sich einer der seltsamsten Läden, die mir je vorgekommen sind. Wenn man Glück hat, kann man gerade sehen, daß ein Herr im Schaufenster steht und grüne Seidentücher in Hühnereier verwandelt. Oder er füllt zwei Messingschalen mit Reis, stülpt sie übereinander, hebt sie lächelnd wieder ab – und dann ist in der einen Schale nichts und in der anderen Wasser. Richtiges, nasses Wasser, das man ausschütten kann. Dies tut dann der lächelnde Herr auch; und die Leute, die vorm Schaufenster stehen, schmunzeln und staunen. Das Schmunzeln besorgen die Erwachsenen. Das Staunen erledigen die Kinder. Über dem Schaufenster befindet sich ein Schild. Und da, wo man gewöhnt ist, zu lesen, es handle sich um eine »Bäckerei« oder um »Frische Fleisch- und Wurstwaren«, liest man: »Der Zauberladen«. Der Zauberladen? Ja, wer um alles in der Welt braucht denn heutzutage – neben der Bäckerei, dem Wäschegeschäft, dem Juwelier, dem Kaufhaus und der Bank – auch noch einen Zauberladen, um darin Einkäufe zu machen? Und, Einkäufe müssen doch wohl gemacht werden, sonst hätte der Herr, der im Schaufenster zaubert, den Laden nicht eröffnet oder ihn wenigstens eine Woche später wieder geschlossen! Nein, der Laden bleibt offen, und der zaubernde Herr ist noch nicht pleite. Wie bringt er das fertig? Auch nur mit irgendeinem Zauberspruch oder Taschenspielertrick?

Man sollte ihn eigentlich einmal fragen …

Der Zauberer ist ein ungewöhnlich freundlicher Herr und heißt Trix (vielleicht der Plural von Trick, nur etwas unverfänglicher in der Orthographie). Daß sein Geschäft, mitten in einer Großstadt, neben Autobussen und Bankfilialen, Wettbüros und Cafés, bestehen kann, hat, sagt Herr Trix, verschiedene Gründe. Erstens verkauft er nicht nur Zauberstäbe, sondern auch Kotillon- und Scherzartikel.

Man kann bei ihm Zigarren kaufen, die im Munde des Onkels explodieren; blaue Blechstücke, die man heimlich auf Tischtücher legen kann, und dann denkt die Mama, es seien Tintenflecke; Wurzelbürsten, die, wenn sich jemand die Hände abrumpelt, komische Musik machen; Knallplätzchen, die der kluge Ehemann in seine Brieftasche steckt, bevor er ohne sie ins Nebenzimmer geht; sobald die treusorgende Hausfrau neugierig die Tasche aufklappt, fängt diese wie besessen zu knallen an, und der Herr des Hauses sagt sich: Aha!

Also, derartige Unterhaltungsmusik kann man hier erwerben. Von 23 Pfennigen an aufwärts. Aber Herr Trix hat noch eine andere Erklärung dafür, daß er existiert. Er ist der Filialvertreter einer richtigen *Zauber-Fabrik*! Und die Herren Zauberer aus aller Welt kaufen dort ihr Handwerkszeug ein, bevor sie in den Ländern herumkutschieren und in Kabaretts und Varietés Aufsehen erregen. Denn schließlich: nicht nur der Spaten des Gärtners und nicht nur der Wagen des Taxi-Chauffeurs geht einmal entzwei und verlangt Ersatz – auch die Zaubergeräte nützen sich ab. Und dann noch etwas: Die Zauberei *vervollkommnet sich*, neue Apparate und Tricks werden verbreitet und müssen käuflich erworben werden. Denn auch die Zauberer müssen mit der Zeit gehen! Der Fortschritt macht vor der Hexerei nicht halt! Das Publikum will für sein Geld Überraschungen erleben, und so hat die Zauberfabrik mit ihren Geschäften voll zu tun.

Die Herren Zauberer kommen vorbei und fragen, was es Neues in der Kunst gibt. Und da stellt sich dann der Oberzauberer Trix hin und zaubert ihnen die letzten Schlager vor. Sie fragen nach dem Preis, und er nennt ihn ihnen. Er wickelt ihnen die Geräte ein und die Beschreibung dazu, und dann fahren sie nach Kassel oder Linz und erregen Erstaunen.

Herr Trix ist ein gewandter Hexer. Er steht hinterm Ladentisch, wir anderen stützen uns drauf und sehen dem Kerl auf die Finger. Doch wir sehen nicht, wie er's macht. Wir kommen ihm nicht auf die Schliche. Und da freut er sich krumm.

»Wenn ein Jongleur einen seiner Teller fallen läßt, überhaupt wenn ihm was mißlingt, ist das Publikum mitleidig und bedauert ihn. Wenn aber *uns* etwas zunächst schiefgeht, lachen sie uns aus«, sagt ein kleiner Herr. Es ist ein Zaubermeister von Ruf, und er hat ein paar Truppen unterwegs. Er sitzt inzwischen in Berlin und erfindet neue Dessins.

Er hat recht mit seiner Feststellung. Der Zauberer hat keinen Pardon zu erwarten. Er darf keinen Fehler machen! Denn er hat

Heimlichkeiten. Er verbirgt etwas. Sein Talent ist geradezu das Verbergen. Der Jongleur arbeitet offener. Der Illusionismus ist ein Vorspiegeln falscher Tatsachen.

Wer dann gar noch Fehler macht beim Schwindeln, der darf mit moralischer Entrüstung des Publikums rechnen.

»Ach«, sagt der Zaubertruppenkommandeur, »die Leute sind so undankbar. Sie haben *das Wundern verlernt.*« Auch da hat er recht. Die Leute haben im letzten Jahrzehnt solche Sachen erlebt, daß die Überraschungen eines Berufsmagiers Kindereien dagegen sind! Außerdem ist es eben so, daß ihre Geschicklichkeit sich darin äußert, eine Leistung zu verbergen, während das Talent des Jongleurs darin besteht, die Leistung so deutlich wie möglich zu machen. Hier hülfe nur eins: mit der würdevollen, selbstgefälligen Zauberei zu brechen, und den *Humor* als Berufseigenschaft einzuführen. Denn mit Lachen wurde die Welt in letzter Zeit nicht eigentlich verwöhnt, das will sie wieder lernen. Statt dessen werden immer kompliziertere Apparate gebaut. Die Handarbeit wird auch hier von der Technik verdrängt, und die Zauberkünstler sind auf dem Holzwege, wenn sie glauben, je komplizierter eine illusionistische Apparatur sei, um so stärker wirke sie. Das Gegenteil ist der Fall! Je simpler, um so eindrucksvoller. *Aus dem Nichts* muß gezaubert werden.

Solche und ähnliche Berufsthemen besprechen wir mit den Zaubermännern. Und sie notieren sich unsere Adressen. Wir sollen ihnen beim nächsten Trick, den sie austüfteln, massenpsychologische Tips geben.

Da tritt ein junger Mann in den Laden. Nein, es ist noch gar kein junger Mann, er hat sich nur so angezogen. In Wirklichkeit ist es ein Knabe in fortgeschrittenem Alter, etwa *Untersekundaner*. Er will dringend ein Zauberkunststück käuflich erwerben. Wahrscheinlich, um in der Schulpause den Mitschülern kräftig zu imponieren. Die Gehilfin des Zauberers bedient ihn. Er will wissen, was der Trick mit der Metallhülse kostet, in der man brennende Kerzen spurlos verschwinden lassen kann. Fünf Mark, erklärt das Zauberfräulein. Oh, das ist ihm zu teuer!

Herr Trix mengt sich freundlich ein und rät ihm zu dem Trick mit dem zerrissenen Band. Er führt es gleich vor, reißt einen rosa Papierstreifen in viele Teile, knäult sie zu einer Kugel zusammen, zupft die Kugel wieder auseinander – der Streifen ist so ganz unlädiert, als wäre er nie zerrissen worden. Wir stehen zwanzig Zentimeter entfernt und haben dem Zauberer scharf auf die Finger gesehen. Er hatte nur das eine Stück Papier, hat es zerrissen, nichts konnte zu Boden fallen, ohne daß wir es gemerkt hätten, nun ist es wieder aus einem Stück. Und wir staunen.

Eine Mark kostet das Geheimnis! Für eine Mark kann man lernen, die Mitwelt restlos zu verblüffen! Der Gymnasiast starrt düster ins Portemonnaie. Aber Herr Trix lächelt. Es freut ihn, daß er uns durch seine Geschicklichkeit düpiert hat. Und nun ist er nicht mehr zu halten. Er fängt an zu zaubern und kann kein Ende finden.

Er schlägt sich einen langen Nagel durch den Finger, ohne

daß Blut fließt. Er bohrt sich Zigaretten ins eine Ohr und zieht sie aus dem anderen heraus. Er schlägt metallene Ringe, die nirgends eine Naht haben, gegeneinander – und schon sitzen sie ineinander. Er stellt auf diese Weise ganze Ketten her und löst sie wieder in einzelne Ringe auf (zehn Mark im Einkauf). Er läßt Eier verschwinden. Er gießt Wasser in ein Gefäß, weg ist es. (Alles läßt er verschwinden! Wenn das so weitergeht, ist in einer Stunde der Laden leer.)

Meist zeigt er Dinge, wie man sie vom Varieté her schon kennt. Nur eben, er steht uns direkt vor der Nase und täuscht *trotzdem*. Das ist das Unerhörte! Wie er sagt, erteilt er auch *Unterricht*. Unterricht im Zaubern, das wäre noch was! Zehn Mark pro Stunde. Außerdem gibt seine Fabrik eine »Magische Bibliothek« heraus, wo die Elementarschüler sich weiterbilden können.

Der Gymnasiast, dieser arme Zauberlehrling, hat sich entschlossen. Er erwirbt den Papierstreifen, den man zerreißt und der doch heil bleibt. In einem verschlossenen Briefumschlag erhält er das *Rezept* eingehändigt. Er sucht zehn Groschen zusammen, legt sie auf die Ladentafel, grüßt und geht.

Herr Trix muß wieder ins Schaufenster, Zauberpropaganda treiben. Wir geben ihm die Hand. Und dann – verschwinden *wir*. So ein Zauberkünstler ist er.

Die Staubsaugerballade

Frau Adamson hört gern auf fremden Rat.
Und da sie außerdem die Ordnung liebt,
Kauft sie sich einen Staubsaugapparat,
Und zwar den größten, den es gibt. –

Mit diesem Gegenstand famos geschmückt
(Und Seligkeit in beiden blauen Augen)
Hat sich Frau Adamson gebückt,
Um Probestaub zu saugen.

Sie will nur sehen, ob das Ding was taugt,
Und hält ihn fragend an ein Sofakissen,
Es stäubt der Staub. Der Sauger saugt.
Frau Adamson ist hingerissen.

Es stäubt der Staub. Die Doppelfenster klirren,
Steppdecken schweben langsam aus dem Bett.
Die Scherben von verschiedenen Geschirren
Versammeln sich auf dem Parkett.

Der Sauger saugt. Der Kleiderschrank schlägt Wellen.
Frau Adamson kriegt einen großen Schreck.
Noch einmal hört sie ihren Foxel bellen –
Es saugt der Sauger, und der Hund ist weg.

Am Ende kommt Herr Adamson persönlich,
Es zieht ihm gleich die Stiefel aus. Und auch
Herrn Adamsons Figur wird ungewöhnlich,
Der gute Mann wird ganz und gar zu Bauch.

Die Gattin weint und hat total vergessen,
Wie man den Apparat auf Ruhe stellt.
Der Sauger saugt. Und saugt infolgedessen
Die Wände krumm. Der Bücherschrank zerfällt.

Frau Adamson ist absolut verwirrt,
Sie mag den Staubsaugapparat nicht mehr bedienen.
Er fliegt durchs Fenster, fällt hinab und klirrt,
Und saugt die Straßenbahn aus ihren Schienen …

Die Straßenbahn rächt sich auf ihre Weise,
Sie überfährt den Apparat. (Das schöne Geld!)
Frau Adamson sieht zu und äußert leise:
»Er war zu gut für diese Welt.«

Das Elefäntchen

Ein Elefant, und so klein?
Das kann ja gar nicht sein,
hab ich gedacht.
Ich lief rasch in den Zoo.
Und da war es wirklich so.
Hab ich gelacht!

Da ist der kleine Elefant
stets um den großen ’rumgerannt,
als suche er wen.
Und kommt ihr nach Berlin,
so vergeßt nur ja nicht, ihn
euch anzusehn!

Die Entlarvung des Osterhasen

Ich muß ein geradezu reizendes Kind gewesen sein. –
Wer mich noch nicht lange genug oder gar nicht kennt, der kann das nicht beurteilen. Denn ich habe mich im Laufe der Jahre ziemlich verändert ... Trotzdem soll mich niemand um Photographien aus jener Zeit bitten, damit er meine damaligen Vorzüge begreife! Nicht etwa, daß solche Photographien nicht existieren! Aber sie werden mir nicht gerecht; ich bin darauf einfach nicht gut getroffen.

Eher möchte ich schon empfehlen, sich an meine Mutter zu wenden, deren Adresse mitzuteilen ich gern erbötig bin. Ihre Auskünfte, sicher auch die meiner Tante Lina, ferner die weit zurückreichenden Erinnerungen des Fräuleins Haubold aus der Färbereifiliale und der Bäckermeisterin Wirth – um nur einige Kronzeugen meiner Kindheit zu nennen –, kurz, eine imposante Summe des vollsten Vertrauens werter mündlicher Überlieferung wäre recht wohl dazu geeignet, auch den letzten Zweifel gegenüber meiner Behauptung zu entkräften, die ich zu meinem eigenen Bedauern wie einen mathematischen, jedes Beweises gern entratenden Lehrsatz wiederholen muß: Ich muß ein geradezu reizendes Kind gewesen sein. –

Nichts wird dem, der Gemüt zu besitzen vorgibt, verständlicher sein, als daß ich mich mit einer ans Leidenschaftliche grenzenden Vorliebe jenes vergangenen Lebensabschnittes erinnere, in dem es mir vergönnt war, staunende Beachtung zu finden. Ja, ohne Übertreibung darf ich es aussprechen: Ich werde mir unvergeßlich bleiben ...

Wie wundervoll war es doch, das Raunen der Erwachsenen zu kosten, wenn ich anläßlich der öffentlichen Osterprüfungen vor das Katheder trat, um ein Gedicht von Viktor Blüthgen oder Ludwig Uhland zu deklamieren! Wie ergriff mich die Feststellung, daß die Augen des Oberlehrers voller Zärtlichkeit auf mir ruhten und daß über die Wangen auch der neidischsten Mütter Tränen der Rührung bis zu Erbsengröße rollten!

Oft hat man böse Worte gegen die Musterschüler gesprochen und geschrieben; man hat sehr unrecht daran getan. Mehr sage ich nicht, obwohl gerade ich dazu berufen wäre; denn ich war ein Musterschüler, wie er prächtiger und exemplarischer nicht wieder zur Welt kommen dürfte ...

Musterschüler zu sein ist eine keineswegs jedem Beliebigen zugängliche Aufgabe. Es ist vielmehr ein Talent, dessen Geheimnis darin besteht, den Lehrern nicht nur Freude zu machen, sondern sogar Freude an ihnen zu haben. Wer zweifelt noch daran, daß dies besondere Eignung voraussetzt?

Am liebsten rufe ich Erinnerungen an das erste Schuljahr wach ...

Denn jener Schritt, mit dem ich über die Schwelle des Klassenzimmers stolperte, daß die Zuckertüte ihre bunte Spitze und ihren süßen Inhalt verlor – jener Schritt bedeutete das Heraustreten des Kindes aus dem engen Kreis der Familie in die Bezirke des öffentlichen Lebens; jener Schritt galt gewissermaßen der erstmaligen Ausübung staatsbürgerlicher Pflichten.

Ich wage nicht zu behaupten, daß mir damals die ganze Schwere jenes stolpernden Schrittes klar zum Bewußtsein gekommen wäre. Das wohl nicht. Aber im Herzen des zum Bürger geborenen Kindes muß sich dergleichen instinktiv geltend machen, ehe es mit dem Kopfe begriffen wird. So erging es mir. –

Und ähnlich, wie ich die Bedeutung des Schulbeginns empfand, sollte ich bald auch die der Persönlichkeit nachteiligen Folgen des öffentlichen Lebens spüren. –

Der Lehrer meines ersten Schuljahres hieß Bremser. Genauer: Herr Bremser.

Ihm verdanke ich wesentliche Förderungen. Sein Name soll mich nicht ungerecht machen. Ohne jede Übertreibung darf ich sogar sagen: Ich habe seitdem nicht mehr allzuviel hinzugelernt. Natürlich einzelne Dinge, tausend Zahlen, windige Neuigkeiten, das wohl. Doch was ich ihm verdanke, ist weit mehr. Er lehrte mich die Wirklichkeit sehen: er ließ mich wissen, daß nichts ohne Ursachen und Folgen geschieht und daß die Phantasie ein Organ ist, das weggeschnitten zu werden verdiente, da es doch nichts nützt und, wenn es sich bemerkbar macht, schlimme Erkrankungen hervorruft.

Und das kam so: Die letzte Stunde vor den Osterferien – ein ganzes Jahr war bereits verflossen –, diese letzte Stunde wurde weder mit komplizierten Schreibübungen, noch mit einstelligen Rechenkünsten zugebracht, sondern mit improvisierten

Darbietungen des Lehrers selber. Eine fraglos schöne alte Sitte. Er ging so weit, daß er uns fragte, was er denn nun erzählen solle.

Wie ein Magier, der jeden Wunsch zu erfüllen imstande ist, lehnte er seine halbkugelrunde Weste gegen die Bordkante des Katheders und ließ Blicke väterlicher Güte über die kleinen Männer gleiten. Da zuckte es in den vorschriftsmäßig gefalteten Händen; da wurden die arglosen Gesichter nachdenklich; da gingen die wunderlichsten Wünsche und Rätsel hinter den sauber gekämmten Haarschöpfen spazieren.

Herr Bremser war die Geduld in Person. Ermunternd wanderten seine Augen von einem zum anderen. Schließlich sagte irgendein munteres Stimmchen: »Etwas vom Osterhasen!« Dieser Wunsch war, da Ostern vor der Schultür stand, vollkommen begreiflich. Und ebenso begreiflich war es, daß alle einverstanden waren. Jeder war willens, etwas vom Osterhasen zu hören. Freilich nicht die allgemein bekannten Tatsachen vom Legen, Färben und Verstecken der Eier, nein, etwas Apartes! Am liebsten eine kleine spannende Geschichte, in der jener wundervolle Hase die Heldenrolle spielen sollte …

Herr Bremser nickte mit dem Kopf, schwenkte das eine Bein über die Kathederecke, wie er das so zu tun liebte, schaute sinnend in den Schulgarten hinaus, der schon zu grünen anhub, räusperte sich und sagte: »Ja, glaubt ihr denn noch an den Osterhasen?« Und von dem Bedürfnis hingerissen, Kinderpsychologie experimentell zu betreiben, fuhr er fort: »Also – wer noch an den Osterhasen glaubt, der hebe die Hand!« Schon reckte er den Arm, um besser zählen zu können. –

Aber niemand hob die Hand … So sicher es war, daß alle an den Osterhasen glaubten, so klar wurde es ihnen plötzlich, daß dieser Glaube ein Zeichen von Dummheit sei. Welcher Mensch aber hat den Mut, sich zu seiner Dummheit zu bekennen? Und gar welches Kind?

Mit einem Male wußten alle, daß es keinen Osterhasen gab. Niemand wußte noch, wie sich das Eierlegen sonst erklären lasse. Nun, diesen Bildungsdefekt zu beheben, war das Werk einer kurzen Stunde.

Der radikale Inventurausverkauf unseres Märchenglaubens kam überraschend. Ich kann es nicht leugnen. Und daß ich zu Hause schrecklich geheult habe und daß meine Mutter sehr geschimpft hat, weiß ich noch recht gut.

Aber, nicht wahr, was will das besagen gegenüber der Tatsache, daß man uns an diesem Tage menschenunwürdigen Einbildungen entriß! Nun waren wir doch auf der kerzengeraden Marschroute in den Konfirmationsanzug! Noch ein paar Jahre Addieren und Dividieren, Bibelsprüche und Gesangbuchverse, Jangtsekiang und Ludwig den Bayern – das war das wenigste …

An jenem Tage ging eine neue Sonne auf und eine alte Welt unter …

Im Ernst: Wenn ich meinem Lehrer noch einmal begegnen sollte – der Wahrscheinlichkeitsrechnung nach kann er noch rüstig am Leben sein –, ich würde ihm sagen: »Werter Herr! Sie waren seinerzeit so liebenswürdig, mich etwas plötzlich auf die Wirklichkeit vorzubereiten, als Sie den Osterhasen umbrachten. Beim Fortschritt der Menschheit, an den Sie glauben, das war für mich ein wenig hart. Und wüßte ich, daß Sie noch heute an jenen Fortschritt glauben – ich bin gern bereit, Sie von diesem Märchen zu erlösen. Eine Liebe ist der andern wert.«

Aber er wird mir nicht begegnen. Und das ist ebenso gut. –

Heute hat sich wohl auch das geändert. Heute sagen die Kinder, während sie zur Welt kommen, zu ihren Eltern: »Also, daß ihr es wißt! Die Geschichte mit dem Storch, die könnt ihr euch schenken! Apropos, was haltet ihr vom Darwinismus?«

Ja, der Fortschritt ...

Die Bäume schlugen aus

Der Frühling (auch mitunter Lenz genannt)
War wieder, wie man sagt, vom Zaun gebrochen.
Da hat ein alter Herr – ein Herr Rendant –
Ein junges Mädchen angesprochen.

Die Triebe schossen. Und die Knospen sprangen,
Wie das programmgemäß geschehen muß.
Da gab er ihr, auf eine ihrer Wangen,
So eine Art von gutgemeintem Kuß.

Die Bäume schlugen aus. Und die Geküßte
Schlug dem Rendanten herzhaft ins Gesicht.
Ob er sich denn nicht zu benehmen wüßte!
Und er erklärte sanft: Das wüßt' er nicht.

Die Säfte stiegen. Die Minuten schlichen.
Das Mädchen lief. Er grüßte hinterher.
Die Bänke waren alle frisch gestrichen.
Dem Herrn Rendanten fiel das Gehen schwer.

Er sah dem Mädchen nach und sprach: Da rennt's.
Und brachte sich gemächlich zur Räson.
Was soll der Sommer, dachte er. Und was der Lenz?
Für alte Herrn gibt's keinerlei Saison. –

Der Frühling (auch mitunter Lenz genannt)
War wieder, wie man sagt, vom Zaun gebrochen.
Da hat ein alter Herr – ein Herr Rendant –
Zum letztenmal ein Mädchen angesprochen …

Rekord wider Willen

Daß Fett gewöhnlich oben schwimmt,
Das stimmt. –

In Saßnitz sprach Direktor Braun
Zu seiner Frau: »Auf Wiederschaun!«

Und während sie sich weitersonnte,
Probiert' er, ob er schwimmen konnte.

Es ging: Es gab ihm förmlich Spaß,
Sodaß er Saßnitz ganz vergaß.

Dann kriegte er den Krampf ins Bein
Und warf sich rücklings. Und schlief ein.

Als er erwachte, sah er Strand.
Braun suchte Grund und ging an Land.

Er wollte mit den Leuten reden.
Das ging nicht gut. Er war – in Schweden.

Man filmte ihn. Man gab ihm Orden.
Man faselte von Schwimmrekorden.

Der König gratulierte gar.
Braun fand das alles sonderbar. –

Im Postamt schrieb er 'ne Depesche
An seine Frau: er brauche Wäsche

Und etwas Geld. »Denn«, schloß er bieder,
»Den Rückweg schwimme ich nicht wieder.«

Besuch im Garten

Für seine Kinder hat man keine Zeit.
(Man darf erst sitzen, wenn man nicht mehr gehen kann.)
Erst bei den Enkeln ist man dann so weit,
Daß man die Kinder ungefähr verstehen kann.

Spielt hübsch mit Sand und backt euch Sandgebäck!
Ihr seid so fern und trotzdem in der Nähe,
Als ob man, über einen Abgrund weg,
In einen fremden, bunten Garten sähe.

Spielt brav mit Sand und baut euch Illusionen!
Ihr und wir Alten wissen ja Bescheid;
Man darf sie bauen, aber nicht drin wohnen.
Ach, bleibt so klug, wenn ihr erwachsen seid.

Wir möchten euch auch später noch beschützen,
Denn da ist vieles, was euch dann bedroht,
Doch unser Wunsch wird uns und euch nichts nützen.
Wenn ihr erwachsen seid, dann sind wir tot.

Interview mit dem Weihnachtsmann

Eine vorweihnachtliche Betrachtung

Es hatte schon wieder geklingelt. Das neuntemal im Verlauf der letzten Stunde! Heute hatten, so schien es, die Liebhaber von Klingelknöpfen Ausgang. Mürrisch rollte ich mich türwärts und öffnete.

Wer, glauben Sie, stand draußen? Sankt Nikolaus persönlich! In seiner bekannten historischen Ausrüstung. »Oh«, sagte ich. »Der eilige Nikolaus!« »Der heilige, wenn ich bitten darf. Mit h!« Es klang ein wenig pikiert. »Als Junge habe ich Sie immer den eiligen Nikolaus genannt. Ich fand's plausibler.« »Sie waren das?« »Erinnern Sie sich denn noch daran?« »Natürlich! Ein kleiner hübscher Bengel waren Sie damals!«

»Klein bin ich immer noch.« »Und nun wohnen Sie also hier.« »Ganz recht.« Wir lächelten resigniert und dachten an vergangene Zeiten.

»Bleiben Sie noch ein bißchen!« bat ich. »Trinken Sie noch eine Tasse Kaffee mit mir!« Er tat mir, offen gestanden, leid.

Was soll ich Ihnen sagen? Er blieb. Er ließ sich herbei. Erst putzte er sich am Türvorleger die Stiefel sauber, dann stellte er den Sack neben die Garderobe, hängte die Rute an einen der Haken, und schließlich trank er mit mir in der Wohnstube Kaffee.

»Zigarre gefällig?« »Das schlag ich nicht ab.« Ich holte die Kiste. Er bediente sich. Ich gab ihm Feuer. Dann zog er sich mit Hilfe des linken den rechten Stiefel aus und atmete erleichtert auf. »Es ist wegen der Plattfußeinlage. Sie drückt niederträchtig.« »Sie Ärmster! Bei Ihrem Beruf!« »Es gibt weniger Arbeit als früher. Das kommt meinen Füßen zupaß. Die falschen Nikoläuse schießen wie die Pilze aus dem Boden.«

»Eines Tages werden die Kinder glauben, daß es Sie, den echten, überhaupt nicht mehr gibt.« »Auch wahr! Die Kerls schädigen meinen Beruf! Die meisten von denen, die sich einen Pelz anziehen, einen Bart umhängen und mich kopieren, haben nicht das mindeste Talent! Es sind Stümper!« »Weil wir gerade von Ihrem Beruf sprechen«, sagte ich, »hätte ich eine Frage an Sie, die mich schon seit meiner Kindheit beschäftigt. Damals traute ich mich nicht. Heute schon eher. Denn ich bin Journalist geworden.« »Macht nichts«, meinte er und goß sich Kaffee zu. »Was wollen Sie seit Ihrer Kindheit von mir wissen?« »Also«, begann ich zögernd, »bei Ihrem Beruf handelt es sich doch eigentlich um eine Art ambulanten Saisongewerbes, nicht? Im Dezember haben Sie eine Menge Arbeit. Es drängt sich alles auf ein paar Wochen zusammen. Man könnte von einem Stoßgeschäft reden. Und nun ...« »Hm?« »Und nun wüßte ich brennend gern, was Sie im übrigen Jahr tun!«

Der gute alte Nikolaus sah mich einigermaßen verdutzt an. Es machte fast den Eindruck, als habe ihm noch niemand die so naheliegende Frage gestellt. »Wenn Sie sich nicht darüber äußern wollen ...« »Doch, doch«, brummte er. »Warum denn nicht?« Er trank einen Schluck Kaffee und paffte einen Rauchring. »Der November ist natürlich mit der Materialbeschaffung mehr als ausgefüllt. In manchen Ländern gibt's plötzlich keine Schokolade. Niemand weiß wieso. Oder die Äpfel werden von den Bauern zurückgehalten. Und dann das Theater an den Zollgrenzen. Und die vielen Transportpapiere. Wenn das so weitergeht, muß ich nächstens den Oktober noch dazunehmen. Bis jetzt benutze ich den Oktober eigentlich dazu, mir in stiller Zurückgezogenheit den Bart wachsen zu lassen.«

»Sie tragen den Bart nur im Winter?« »Selbstverständlich. Ich kann doch nicht das ganze Jahr als Weihnachtsmann herumrennen. Dachten Sie, ich behielte auch den Pelz an? Und schleppte 365 Tage den Sack und die Rute durch die Gegend? Na also. – Im Januar mache ich dann die Bilanz. Es ist schrecklich. Weihnachten wird von Jahrhundert zu Jahrhundert teurer!« »Versteht sich.« »Dann lese ich die Dezemberpost. Vor allem die Kinderbriefe. Es hält kolossal auf, ist aber nötig. Sonst verliert man den Kontakt mit der Kundschaft.« »Klar.« »Anfang Februar lasse ich mir den Bart abnehmen.«

In diesem Moment läutete es wieder an der Flurtür. »Entschuldigen Sie mich, bitte?« Er nickte. Draußen vor der Tür stand ein Hausierer mit schreiend bunten Ansichtskarten und erzählte mir eine sehr lange und sehr traurige Geschichte, deren ersten Teil ich mir tapfer und mit zusammen-»gebissenen« Ohren anhörte. Dann gab ich ihm das Kleingeld, das ich lose bei mir trug, und wir wünschten einander auch weiterhin alles Gute. Obwohl ich mich standhaft weigerte, drängte er mir als Gegengeschenk ein halbes Dutzend der schrecklichen Karten auf. Er sei, sagte er, schließlich kein Bettler. Ich achtete seinen schönen Stolz und gab nach. Endlich ging er.

Als ich ins Wohnzimmer zurückkam, zog Nikolaus gerade ächzend den rechten Stiefel an. »Ich muß weiter«, meinte er, »es hilft nichts. Was haben Sie denn da in der Hand?« »Postkarten. Ein Hausierer zwang sie mir auf.« »Geben Sie her. Ich weiß Abnehmer. Besten Dank für Ihre Gastfreundschaft. Wenn ich nicht der Weihnachtsmann wäre, könnte ich Sie beneiden.«

Wir gingen in den Flur, wo er seine Utensilien aufnahm. »Schade«, sagte ich. »Sie sind mir noch einen Teil Ihres Jahreslaufs schuldig.« Er zuckte die Achseln. »Viel ist im Grunde nicht zu erzählen. Im Februar kümmere ich mich um den Kinderfasching. Später ziehe ich auf Frühjahrsmärkten umher. Mit Luftballons und billigem mechanischen Spielzeug. Im Sommer bin ich Bademeister und gebe Schwimmunterricht. Manchmal verkaufe ich auch Eiswaffeln in den Straßen. Ja, und dann kommt schon wieder der Herbst – und nun muß ich wirklich gehen.«

Wir schüttelten uns die Hand. Ich sah ihm vom Fenster aus nach. Er stapfte mit großen, hastigen Schritten durch den Schnee. An der Ecke Ungerstraße wartete ein Mann auf ihn. Er sah wie der Hausierer aus, wie der redselige mit den blöden Ansichtskarten. Sie bogen gemeinsam um die Ecke. Oder hatte ich mich getäuscht? Eine Viertelstunde danach klingelte es schon wieder. Diesmal erschien der Laufbursche des Delikatessengeschäftes Zimmermann Söhne. Ein angenehmer Besuch! Ich wollte bezahlen, fand aber die Brieftasche nicht gleich. »Das hat ja Zeit, Herr Doktor«, meinte der Bote väterlich. »Ich möchte wetten, daß sie auf dem Schreibtisch gelegen hat!« sagte ich. »Nun gut, ich begleiche die Rechnung morgen. Aber warten Sie noch, ich bring' Ihnen eine gute Zigarre!« Die Kiste mit den Zigarren fand ich auch nicht gleich. Das heißt, später fand ich sie ebensowenig. Die Zigarren nicht. Die Brieftasche auch nicht. Das silberne Zigarettenetui war auch nicht zu finden. Und die Manschettenknöpfe mit den großen Mondsteinen und die Frackperlen waren weder an ihrem Platz noch sonstwo. Jedenfalls nicht in meiner Wohnung.

Ich konnte mir gar nicht erklären, wohin das alles geraten sein mochte. Es wurde trotzdem ein stiller hübscher Abend. Es klingelte niemand mehr. Wirklich, ein gelungener Abend. Nur irgend etwas fehlte mir. Aber was? Eine Zigarre? Natürlich! Glücklicherweise war das goldene Feuerzeug auch nicht mehr da. Denn das muß ich, obwohl ich ein ruhiger Mensch bin, bekennen: Feuer zu haben, aber nichts zum Rauchen im Haus, das könnte mir den ganzen Abend verderben!

Parade am Weihnachtstisch

Der Christbaum ist nicht mehr ganz frisch.
Die Tannennadeln regnen leise.
Frau Rost steht vor dem Weihnachtstisch
und sagt versonnen zu Frau Weiße:

»Den Hut, den hat mein guter Mann gebracht
und mir viel Freude mit dem Stück bereitet.
Er hat nur leider nicht daran gedacht,
daß ausgerechnet Blau mich gar nicht kleidet.

Der Gasglühofen ist von Onkel Fritz.
Der Ofen, sagt er, heize wie der Blitz
und ist die kostbarste von allen Gaben.
Es ist nur dumm, daß wir Elektrisch haben.

Den Kaffeewärmer stickte wieder Frieda.
Sie war geradezu erstaunlich fleißig.
Was? – So ein Kunstwerk war noch nie da!
Ich hab jetzt von der Sorte achtunddreißig.

Das ist ein Blasebalg. Fritz schenkt mir immer
originelle Sachen. Was? Höchst wirkungsvoll!
Aus Ebenholz! – Doch hab ich keinen Schimmer,
was ich mit Blasebälgen machen soll. –

Und da liegt Geld. Von meinem ältsten Sohn.
Ich soll mir, schrieb er, kaufen, was mich freute.
Mir Geld zu schenken! So ein Erzpatron!
Ja, ja, so sind nun die modernen Leute!

Was soll mir Geld? Als ob er sonst nichts wüßte.
Und wenn's Paar Rollschuh wären, meinetwegen!
Als ob das, was man schenkt, gefallen müßte!
Und auch am Zwecke ist doch nichts gelegen!«

So sagt Frau Rost zu der Frau Weiße
und blickt gerührt auf ihren Tisch.
Die Tannennadeln regnen leise.
Der Christbaum ist nicht mehr ganz frisch.

Kleiner Kursus in Weihnachtssprüchen

I. Für Anfänger

Ich bin ganz klein und kann Euch gar nichts schenken.
Doch wenn ich groß bin, schenk ich Euch ein Haus.
Ein schönes Haus, das könnt Ihr Euch ja denken.
Mit einem Garten und mit grünen Bänken.
Lacht mich nicht aus!

Und in dem Haus sind viele, viele Räume.
Dort stehn zum Weihnachtsfest, im Glanz des Lichts,
zweihundertneunundsiebzig Tannenbäume!
Ich bin noch klein und schenk Euch meine Träume,
sonst nichts.

II. Für Fortgeschrittene

Nun habt Ihr mir so schön beschert.
Die Lichter brennen. Und ich denke:
Bin ich auch soviel Liebe wert?
Ich weiß, daß ich Euch manchmal kränke,
und manchmal habt Ihr Euch beschwert …
Und nun gibt's überall Geschenke!

Daß ich Euch liebe, wißt Ihr zwar,
und manchmal spürt Ihr auch, – wie sehr.

Vergeßt, wenn es nicht stets so war!
Heut' ist der schönste Tag im Jahr,
und ich verspreche Euch daher:
Von nun an lieb ich Euch noch mehr!

Das ist die beste meiner Gaben,
die anderen sind schrecklich klein.
Der Tannenbaum, der Kerzenschein,
und was darunter liegt, ist mein.
Und Ihr sollt meine Liebe haben!
Wollt Ihr damit zufrieden sein?

III. Für besonders Faule
Der Weihnachtsmann hat viel gebracht.
Nun fängt man »Stille, heilige Nacht«
zu singen an.

Ich sagte gern ein Festgedicht, –
doch tu ich's nicht.
Warum? Ihr wißt es.
Ich bin zu faul dazu.
Das ist es …

Der Topf mit Hindernissen

Peter knurrte: er käme gleich. Aber noch kniete er vor seiner Kinderkommode, warf Bücher und Buntstifte, Bauklötzer und Bindfäden in die Stube und suchte. Endlich fand er jenen pompösen, braunlackierten Kochtopf, den er der Mutter bescheren wollte, ergriff ihn und stürmte auf den Korridor. Die Tür zum Wohnzimmer stand offen: Es glitzerte und schimmerte und blitzte, daß er blinzeln mußte. Oh, das war doch ein richtiger Weihnachtsbaum! Und die Mutter lächelte in das Dunkel des Ganges hinaus.

Peter warf sich in Positur, schnappte noch einmal nach Luft, streckte seinen Topf weitab vom Leibe, machte einige flotte Sprünge und brüllte begeistert – bevor er die Türe passierte: »Da, Mutter, hast du einen …«

»Topf« hatte er natürlich schreien wollen. Doch in diesem Augenblick gab es einen gräßlichen Krach und dann ein schnödes Klirren. Und Peter flüsterte bescheiden das Wort »Henkel«. – Es war furchtbar. Die Mutter ließ die Arme sinken und dachte, ihr stünde das Herz still. Der Junge starrte auf die herrlich braunlackierten Scherben, schloß die Augen und merkte, daß er gleich weinen würde. Da drehte er sich um, schluchzte ein einziges Mal auf, rannte durch den finsteren Flur, riß die Vorsaaltür fast aus den Angeln und raste die Treppe hinunter. Eine Stimme rief noch laut: »Peter! Peter!«

Vor dem Hause stand ein feines Automobil. Als Peter durchs Portal schoß, öffnete sich der Wagenschlag. Eine Hand winkte. Er hüpfte hinein; der Schlag sprang zu; schnurrend fuhr das Auto davon …

»Da müssen wir schnell einen anderen Topf kaufen«, meinte eine tiefe Stimme. Peter stopfte die Hände zwischen die Knie und sagte: »Sie wissen es auch schon? … Schweinerei verflixte!«

»Na, na«, brummte die Stimme, »ein bißchen Geduld, mein Junge!«

Und schon hielt der Wagen vor einem riesigen, bengalisch erleuchteten Warenhaus. Peter stieg geschwind aus. Ihm folgte ein großer weißbärtiger Herr in Frack und Zylinder, nickte gemütlich und erklärte, er sei Knecht Ruprecht. »Ganz auf meiner Seite«, sagte Peter; »aber warum fahren Sie ohne Chauffeur?« »Es ist ein Selbstlenker, Marke Himmelfahrt«, bemerkte der Alte, bückte sich nach dem Auto, das immer kleiner und kleiner wurde, und steckte es in die Tasche.

Am Eingang des Gebäudes salutierte ein Schneemann und öffnete. Zehn Geschäftsführer kamen dahergefegt, daß die Cutaways flügelten, machten einen Knix und sangen in mehrstimmigem Chor: »Was verschafft uns die Ehre, Herr von Ruprecht?« – »Wir brauchen einen braunen, tönernen Topf«, erwiderte der Alte. – »Bitte sich in den dritten Stock bemühen zu wollen. Keramische Abteilung G: Küchengeschirr. Leider ist der Fahrstuhl entzwei; Herr Fatty erwies sich als zu schwer.«

Man stieg in die erste Etage. Die zehn Geschäftsführer trippelten wie eine fröhliche Leibwache voraus. Peter sah sich neugierig um: Einem ärmlich gekleideten wunderschönen Mädchen wurden von einem Prinzen kleine Goldbrokatschuhe anprobiert ... Das war Aschenbrödel! Zweifellos. In der orthopädischen Abteilung bediente man gerade ihre Schwestern, da sich diese dummen Dinger ja die Zehen abgeschnitten hatten. – Im Spiegelsaal der Damenkonfektion legte man einem blassen Fräulein kostbare Pelzmäntel um. Neben ihr, auf einem Stuhle, lag ein dünnes Hemdchen, voller Dreimarkstücke. So sah also das Mädchen mit den Sterntalern aus? Die konnte sich's jetzt leisten ... Schrägüber stand Schneewittchens Stiefmutter und gaffte in die Spiegel. Als Peter mit den anderen vorbeikam, fragte sie einen der zehn Geschäftsführer, in welchem Stockwerke man vergiftete Äpfel kaufen könne. O weh, gleich eilten zwei Boys mit einem Bilderrahmen herbei. Dahinein mußte sie. Und dann hängte man sie irgendwo an die Wand ...

In der zweiten Etage war die Sportabteilung. Dort schwenkten die Sieben Schwaben einen gewaltigen Jagdspieß derart herum, daß ihnen und der blutarmen Verkäuferin sehr angst wurde. Auf dem Ladentisch hockte der Däumling, war ärgerlich, weil ihm die Siebenmeilenstiefel nicht passen wollten, und schrie mit seinem Stimmchen nach Einlegesohlen. – Eben hatten die Geschäftsführer einem Wolfe gesagt, wo er Kreide erhielte, da kamen Hänsel und Gretel die Stufen heruntergestürzt, verloren ihre Pfefferkuchenpakete vor Nervosität und riefen, Ali Baba und die vierzig Räuber hätten die Lebensmittelabteilung geplündert. Sie wären durch den Notausgang entflohen.

Die zehn Geschäftsführer baten um Entschuldigung, daß sie Herrn von Ruprecht und den kleinen Peter verließen. Aber sie hielten es doch für angezeigt, die Verfolgung aufzunehmen. Wie der Wind waren sie verschwunden. –

Knecht Ruprecht nahm den Jungen an der Hand, und sie suchten das eine Treppe höher gelegene Topflager. Schließlich fanden sie es sogar. Der Verkäufer war ein freundlicher Herr, dessen Muttersprache leider Esperanto war. Aber der Alte im Frack verstand ihn doch und erklärte Peter Satz für Satz. »Der Herr sagt, du dürftest dir etwas wünschen.« – »Einen braunen Kochtopf will ich haben.« – »Aber es gibt doch viel wertvollere Dinge hier!« – »Einen braunen Kochtopf.« – Der Junge suchte alle Regale und alle Stapel ab, ohne das richtige Format zu finden. Der Verkäufer kam mit einem riesigen Gefäß dahergelaufen und schwadronierte entsetzlich. Knecht Ruprecht wandte sich an Peter: »Das hier ist der Hirsebreitopf, der immer gefüllt bleibt. Willst du den?« Peter sprang zwei Schritte zurück und hob abwehrend die Hände: »Das fehlte noch. Immer Hirsebrei!« – Der Verkäufer lächelte gewinnend und trug das Wundergeschirr wieder beiseite. –

»Hier!« rief Peter, »dieser Topf ist ähnlich. So schön wie der erste glänzt er zwar nicht. Aber das merkt Mutter kaum.« – »Gut«, sagte der Alte, »nimm ihn mit.« – »Ich hab aber kein Geld. Der erste Topf war schon so teuer.« – »Das macht nichts.

Hast du noch den Henkel?« Peter öffnete die Hand und legte den Henkel auf den Ladentisch. Der Verkäufer nahm ihn weg und kurbelte an der Kasse. »So. Das gilt als Umtausch«, meinte der Ruprecht, »nun mußt du aber schnell wieder nach Hause. Wirst du dich zurückfinden?« – »Selbstverständlich«, sagte Peter und streichelte seinen Topf. »Dann auf Wiedersehen!« rief der Alte, gab ihm die Hand, öffnete ein Fenster, stieg hinauf, ging in die Kniebeuge und sprang in die Luft. Weg war er!

Peter rannte die Treppen hinunter, an dem Schneemann vorbei, auf die Straße und immer so weiter. Den Topf hielt er dicht an die Jacke gepreßt und wich den selbstlenkenden Automobilen, den vierstöckigen Straßenbahnen und den von Zentauren gezogenen Kutschen sehr besorgt aus. Plötzlich wußte er nicht mehr, wohin. Ratlos stand er in der großen Stadt. Da kam ein alter, freundlicher Sipomann auf ihn zu, sagte, er sei der Getreue Eckart und brachte Peter auch richtig bis vors Haus.

Schwupp, flog der Junge die Treppe hinauf, klinkte die Tür, rannte durch den Korridor und sah den Weihnachtsbaum strahlen. Laut rief er: »Da, Mutter, da hast du einen Topf!«

Und hierüber wachte Peter auf. Die Mutter stand neben ihm und hatte Tränen in den Augen. Aber jetzt lächelte sie und klatschte in die Hände: »O, der schöne, schöne Topf!« Und Doktors Minna war auch da und rief auch: »O, der schöne, schöne Topf«, obwohl sie den Topf längst kannte. Denn er war aus ihrer Küche. Und sie hatte ihn Peters Mutter nur zu frommem Betruge geliehen, nachdem sie den Jungen, der die Stufen hinuntergefallen war, zurückgetragen und aufs Sofa gebettet hatten.

»Hast du Kopfschmerzen?« fragte die Mutter. – »Ein bißchen schon. Aber der Weg war auch sehr weit. Und ich bin so gelaufen!« – Minna und die Mutter sahen sich verwundert an.

»Übrigens, Mutter, der Topf ist nicht genau so wie der erste. Der war dunkler und glänzte großartig. Aber der Esperantist, der ihn umtauschte, hatte keinen passenderen. Wäre dir der Hirsebreibottich lieber gewesen?«

Doktors Minna betrachtete ihren Topf mit leichtem Grausen. Und die Mutter blickte ziemlich verständnislos, aber sehr gütig in das verträumte Gesicht ihres Jungen.

Die sieben Sachen

Karls Vermögen betrug fünfundsechzig Pfennig. Er hatte das Geld in kleinen Portionen gespart. Denn er besaß die Konzession, leere Bierflaschen in den Kolonialwarenladen zurückzubringen und die ausbezahlte Einlage zu behalten. Dadurch war er an der Hebung des Bierkonsums in der Familie interessiert, und gelegentlich fragte er beim Abendbrot: »Papa, hast du heute keinen Appetit auf Bier?« Aber Herr Bollensänger trank lieber Kaffee. Außerdem durchschaute er die diplomatische Bedeutung der Frage in keiner Weise. Und so kam es, daß der kleine Karl, trotz rigoroser Streichungen in seinem Ausgabe-Etat, nur fünfundsechzig Pfennige besaß, als der Geburtstag seiner Mutter gekommen war. Immerhin, in seinen kleinen Augen – Karls Augen waren schmal wie die Schlitze an Sparbüchsen – waren fünfundsechzig Pfennige ein bemerkenswertes Kapital.

Karl stellte sich schlafend, als die Mutter einkaufen ging. Er wollte ihr nicht gratulieren, bevor er das Geschenk besorgt hatte. Als die Tür zuschlug, sprang er aus dem Bett, machte sich eilends zurecht, holte das Geld aus der linken Hosentasche seines guten Anzugs, und dann lief er aus dem Haus. Zu überlegen gab es nun weiter nichts.

Er wußte seit Tagen, was er schenken wollte. An der Ecke Jordanstraße, vor Kühnes Schnittwarengeschäft, blieb er stehen, überzählte noch einmal das Geld, stieg die fünf Stufen zur Ladentür hinauf und betrat, ernst und feierlich gestimmt, das Geschäft.

Herr Kühne las die Morgenzeitung, legte sie fort, schob die Brille auf die Stirn hinauf und sagte: »Was soll's denn sein, kleiner Bollensänger?«

»Ich möchte eine Rolle weiße Seide und eine Rolle schwarze Seide.«

Herr Kühne zog einen Kasten auf und legte die beiden Rollen auf den Ladentisch.

»Dann möchte ich noch ein Heft Stecknadeln und ein Heft Nähnadeln. Aber nicht mit so kleinen Löchern.« Karl bemühte sich vergeblich, die erforderliche Größe der Nadelöhre mit den Fingern anzudeuten.

»Nehmen wir die«, sagte Herr Kühne und legte zwei Nadelpäckchen blau mit silberner Schrift neben die weiße und schwarze Seide.

»Nun vielleicht noch eine Rolle weißen Zwirn und eine Rolle schwarzen.«

»Vielleicht?« fragte Herr Kühne streng.

»Nein, sondern wirklich«, antwortete Karl. Und Herr Kühne holte aus einem andern Kasten den Zwirn.

»Sechserlei«, bemerkte Karl anerkennend, »was kostet denn das, bitte?«

»Zehn, fünfzehn, fünfundzwanzig«, Herr Kühne murmelte Ziffern, schob die Brille von der Stirn auf die Nase, anscheinend, um exakter kopfrechnen zu können, und sagte schließlich:

»Macht fünfzig Pfennig.«

»Da bleiben mir fünfzehn Pfennig. Ach, da nehme ich noch ein Dutzend große Druckknöpfe.«

Herr Kühne brachte die Druckknöpfe und legte sie zu dem übrigen. »Macht fünfundsechzig Pfennig. So, nun bist du dein Geld los.«

Karl blickte begeistert auf die Röllchen, Rollen und Päckchen, zählte das Geld – es war noch ganz warm – auf den Ladentisch und sagte: »Nun hätte ich noch eine große Bitte, Herr Kühne. Wenn Sie mir für die Sachen einen kleinen Karton geben könnten, zum Hineinlegen, weil … Es ist nämlich ein Geschenk.«

»Aha! Ein sehr praktisches Geschenk!« Herr Kühne ging in Kniebeuge und brachte verschiedene leere Kästchen zum Vorschein. Eines von ihnen eignete sich. Er legte die sieben Geschenkartikel erst auf ein Polster aus Seidenpapier und dann in den Karton.

»Direkt zum Anbeißen, was?« meinte Karl, nahm das Paket, machte eine Verbeugung, grüßte und ging.

Herr Kühne hustete. Eigentlich hatte er lachen wollen. Aber das Lachen war ihm in die falsche Kehle geraten. Er hustete also und setzte sich dann wieder zu seiner Morgenzeitung.

»Wo warst du denn, um alles in der Welt?« fragte die Mutter, als sie ihm die Tür öffnete.

Karl hielt ihr das Paket hin und sagte: »Da! Ich gratuliere dir mächtig zum Geburtstag!«

»Ich danke dir schön, mein Junge. Hauptsache, daß wir gesund bleiben.«

»Ja, ja, Muttchen, mach nur mal das Paket auf!«

»Nun, komm nur erst in die Wohnung.«

Sie gingen ins Zimmer. Während die Mutter das Geschenk aus dem Papier wickelte, sagte er: »Also, eigentlich wollte ich dir wieder Nelken schenken. Aber Blumen kriegst du immer von Tante Berta und Herrn Schurig. Und da dachte ich mir, vielleicht wäre es richtiger ... Na, hab' ich 'ne Angst, ob's dir gefällt ... Herr Kühne meinte ...«

»Aber das ist ja großartig!« rief die Mutter und schlug die Hände über dem Kopf zusammen. Sie hatte den Karton geöffnet und starrte überrascht auf die sieben Sachen. Dann hob sie alles heraus, vorsichtig, als wären die Druckknöpfe, der Zwirn, die Seide und die Nähnadeln aus Meißner Porzellan.

»Da staunst du, was? Ich finde es kolossal praktisch«, meinte Karl couragiert und etwas zaghafter fragte er: »Freust du dich auch ganz richtig drüber? Genau so, als wenn ich dir Nelken angebracht hätte?«

Die Mutter zupfte ihn mit beiden Händen an beiden Ohren, gab ihm einen Kuß und erklärte: »Ich freue mich noch viel mehr darüber, mein Kleiner.«

Am Nachmittag kamen Tante Berta und Frau Bäckermeister Schmidt. Sie schenkten Blumen. Die Bäckermeisterin brachte außerdem noch einen runden Apfelkuchen. Herr Schurig, der möblierte Herr, gratulierte ebenfalls. Er stiftete eine Flasche

Malaga, trank mit den Frauen Kaffee und verabschiedete sich dann. Er hatte in der Fortbildungsschule Zinsrechnung zu geben. Tante Berta fand, als er fort war, er sei reizend. Frau Schmidt schimpfte mächtig auf den Kaffeedurst, den sie habe. Und Frau Bollensänger ging in die Küche, um frischen Kaffee aufzusetzen. Karl begleitete sie.

Als er nach kurzer Zeit, die große Kanne balancierend, zurückkam und an der geschlossenen Stubentür stand, hörte er, wie sich die beiden Frauen unterhielten.

»So ein alberner Einfall von dem Jungen, seiner Mutter Zwirn und Druckknöpfe zu schenken«, sagte die Tante.

»Ich finde es auch reichlich abgeschmackt«, gab Frau Schmidt zur Antwort.

»Wenn wir unsrer Mutter so etwas angebracht hätten, wären wir schlecht angekommen.«

»Es hat so etwas Liebloses.«

»Ja, das ist es. Ich verstehe meine Schwester nicht, daß sie sich darüber auch noch freut.«

»Gott, was soll sie machen? Wer weiß, ob sie sich wirklich gefreut hat.«

Der kleine Karl stand im dunklen Korridor. Die Kaffeekanne zitterte, als ob sie friere.

Da kam die Mutter aus der Küche, wäre beinahe über ihn gestolpert und fragte erstaunt:

»Was treibst du denn hier?«

»Ach«, sagte er, »ich kriege die Tür nicht auf, die Kanne ist so schwer.« Dann gingen sie beide in die Stube. »Hurra! Frischer Kaffee!« rief Frau Bäckermeister Schmidt, setzte sich aufs Sofa und schnupperte geräuschvoll.

Am Abend, als ihn die Mutter ins Bett brachte, sagte er: »Ärgerst du dich sehr, daß der Vater deinen Geburtstag vergessen hat?«

»Ach wo«, meinte sie, strich die Decke glatt und lächelte. »Ach wo, das ist gar nicht so schlimm. Er ist nun mal so.«

»Aber wenn er anders wäre, wär's besser, nein?«

Die Mutter setzte sich auf die Bettkante. »Ich habe ja dich, mein Junge.«

»Freilich«, sagte er. Dann schwiegen beide. Sie dachte schon, er schlafe und stand behutsam auf. Da faßte er ihre Hand. »Du hast dich doch ganz bestimmt über den Zwirn gefreut? Und über die Nadeln und die Druckknöpfe?«

»Ganz bestimmt.«

»Ehrenwort?«

Feier mit Hindernissen

Jene Feier, von der ich sogleich berichten werde, fand im vorigen Jahr bei Harriet Spencer statt. Ich hatte Harriet kennengelernt, als sie noch Elevin der Steinschen Akrobatikschule war. Dort hatte ich sie eines Tages versonnen in einer Ecke stehen und das linke Bein fast schwermütig über die rechte Schulter legen sehen. Wie sie das wohl mache, hatte ich höflich gefragt, und ob sie keine Knochen habe, und woran sie während solcher Kunststücke denke. Seitdem duzten wir uns.

Nun traf ich sie, am Nachmittag des Heiligabends, zufällig wieder. Sie hatte die ersten Engagements, in Köln und Manchester, hinter sich und trat in Berlin auf. »Tag, Paula«, sagte ich. (Harriet Spencer hieß sie nur im Varieté.) Und sie lud mich zur Weihnachtsfeier ein. Es kämen ein paar nette Kollegen. Die Arbeitsstätte sei am Heiligen Abend geschlossen. Die Gelegenheit sei günstig.

Weil ich nicht im engeren Sinne Familiäres vorhatte, ging ich hin. Es waren mehrere Herren und Damen anwesend, und Paula rief, nun könne das Essen anfangen. Die Wirtin kam ins Zimmer und trug einen Stoß Teller. Einer der Herren fragte, ob er behilflich sein dürfe, griff nach den Tellern und warf einen nach dem andern, quer durchs Zimmer, auf den Tisch, an dem wir saßen. Dann pfiffen Messer und Gabeln an unsern Ohren vorbei und legten sich gehorsam neben die Teller. Die Wirtin schrie um Hilfe. Aber der Herr sagte freundlich: »Keine Sorge, liebe Frau, ich bin der weltberühmte Jongleur Mazeppa.« Und dann schleuderte er dampfende Frankfurter Würstchen, für jeden Gast ein Paar, auf die Teller. Ich bin ein offener Charakter; zu lügen widersteht mir; ich erkläre, daß er den Kartoffelsalat auszuteilen der Wirtin überließ. Wegen der Mayonnaise.

Wir waren unsrer Sieben. Und Paula sagte, Alfredo, der Luftakt, fehle noch, doch die Haustür sei bis zehn offen. Wir wünschten einander Appetit und begannen zu essen. Da erhob sich ein würdig wirkender, vollbärtiger Herr, und wir legten die Bestecke beiseite, um seiner Tafelrede zu lauschen. Er sagte aber gar nichts, lächelte nur höflich, packte das Tischtuch und riß es blitzartig unter den Tellern und Gläsern fort. Das Geschirr klirrte kaum. Paula sah, daß ich zusammenzuckte, und meinte begütigend, Professor Bellini sei ein großer Zauberkünstler. Ich entgegnete, ich habe einen nervösen Magen. Der Professor bat um Entschuldigung. »Schon gut«, sagte ich, leicht verstimmt.

Wir aßen unsre Frankfurter Würstchen. »Eigentlich wollte ich einen Christbaum mitbringen«, sagte Professor Bellini zu Paula, »aber ich dachte, du hättest einen.«

»Nein, Alfredo wollte ihn besorgen«, meinte Paula.

»Ich begreife nicht, wo der Kerl bleibt«, erklärte eine muskulöse Blondine.

»Alfredos Partnerin, sie heißt Elvira«, flüsterte mir Paula ins Ohr. Da klopfte es, als poche jemand gegen Glas.

»Da ist er endlich«, rief Elvira und lief blindlings zum Fenster. Sie öffnete es; draußen, die Winternacht im Rücken, stand ein eleganter junger Mann. Er hielt einen allerliebsten Tannenbaum, der mit brennenden Kerzen besteckt war, in der Hand und wünschte Fröhliche Weihnachten.

»Ist er wirklich sämtliche vier Stockwerke draußen am Haus hochgeklettert?« fragte ich ernstlich erschrocken. Paula nickte und schien sich nicht zu wundern. Alfredo reichte den brennenden Tannenbaum durchs Fenster und wollte grade ins Zimmer steigen. Da erblickte er den Tisch und brüllte: »Ihr habt mit dem Essen nicht auf mich gewartet? Na, dann gute Nacht.«

Und schon war er wieder verschwunden! Elvira beugte sich aus dem Fenster und rief: »Freddy, sei doch nicht so empfindlich!« Aber der junge Mann kam nicht zurück. Elvira schloß verstimmt das Fenster und sagte: »Dauernd nimmt er übel.«

Wir aßen weiter. Die Würstchen waren leider kalt geworden. Es war wohl Bestimmung, daß dieser Abend nicht ruhig verlaufen sollte. Im Korridor entstand Lärm. Mir blieb, nur bildlich gesprochen, das Messer im Halse stecken. Die Tür wurde aufgerissen. Im Rahmen erschien Paulas Wirtin. Doch sie wurde von unsichtbaren Gewalten zurückgerissen, und an ihrer Stelle tauchte ein Mann auf. Ein Mann von beträchtlichen Ausmaßen. Er sagte mit zornbebender Stimme: »Mein Name ist Herr Streitmüller. Ich wohne eine Etage tiefer.«

Paula rief: »Frohes Fest, lieber Herr Streitmüller. Was haben Sie zu Weihnachten bekommen?«

Aber Herr Streitmüller war gegen Konversation. Er hob drohend den Arm und brüllte: »Wozu hat das Haus eine Treppe? Warum klettern Ihre Gäste die Fassade hinunter? Meine Frau hat vor Schreck die Sprache verloren!«

»Seien Sie froh«, sagte Professor Bellini, ging auf den Eindringling los und zog ihm eine lebendige Ente aus der Tasche. »Hier«, meinte der Professor sanft, »bringen Sie das Geflügel Ihrer sprachlosen Gemahlin.« Doch Herr Streitmüller haute dem Zauberkünstler auf die Finger und schrie: »Ich hole die Polizei!«

In diesem Augenblick erhob sich einer von Paulas Gästen, ein breitschultriger, untersetzter Mensch, und sagte müde: »Tür zu, Fenster auf!« Elvira lief zum Fenster und öffnete es. Paula schloß die Tür und flüsterte mir zu: »Um des Himmels willen, Ajax, der Kraftakt, wird zornig.«

Ajax schritt schläfrig auf den langen Herrn Streitmüller zu, packte ihn plötzlich, trug ihn zum Fenster, hob ihn hoch, schob die langen zappelnden Beine übers Gesims und hielt den ganzen Mann mit einem gestreckten Arm in die kühle Nacht hinaus. »So«, meinte Ajax, »wenn Sie frech werden, mache ich langsam die Hand auf. Verstanden? Ich ersuche Sie nunmehr, O du fröhliche, o du selige zu singen. Elvira, 'ne Zigarette.« Elvira gehorchte. Herr Streitmüller gehorchte nicht. Wir hörten ihn ächzen. »Falls Sie das Lied nicht kennen, singen Sie statt dessen O Tannenbaum«, sagte Ajax, »aber warten Sie nicht allzu lange, sonst lasse ich Sie fallen.«

Nun gab Herr Streitmüller nach. Er sang: »O Tannenbaum, o Tannenbaum, wie grün sind deine Blätter.« Dann wurde im dritten Stock ein Fenster aufgerissen, und Frau Streitmüller sah zu ihrem größten Erstaunen ihren singenden Mann frei in der Luft hängen. Sie fand dabei ihre Sprache wieder. »Singen Sie mit, werte Dame«, rief Ajax, »sonst fällt Ihr Gatte auf die Straße!« Frau Streitmüllers Augen füllten sich mit Tränen der Wut. Aber sie sang. Und ohne einen weiteren Kommentar abzuwarten, begann das terrorisierte Ehepaar schließlich sogar die zweite Strophe.

»Ajax, halt ein«, rief Paula. »Sie können den Text nicht.«

Ajax, der Kraftakt, transportierte Streitmüller ins Zimmer zurück und sagte: »Gehen Sie mir rasch aus den Augen.« Das tat der lange Herr denn auch. Er verschwand, so schnell ihn seine zitternden Beine trugen. Und wir waren wieder unter uns.

»Ich habe eine Überraschung für euch«, sagte der Professor Bellini. »Ich möchte bescheren. Dreht euch nicht um!« Er trug einen Tisch in eine Zimmerecke, setzte den brennenden Christbaum auf den Tisch, und wir hörten, wie er hantierte und seine Geschenke hinlegte. Es war richtig weihnachtlich, und wir wagten uns nicht umzudrehen.

»Ist er nicht goldig?« fragte Paula.

»So«, rief der Professor endlich, »jetzt dürft ihr herschauen!«

Wir wandten uns um und riefen wie aus einem Munde: »Ah!« Der Tisch war mit Geschenken beladen! Es glänzte und glitzerte wie im Märchen.

Aber die Freude dauerte nicht lange. Plötzlich brüllte der Jongleur Mazeppa: »Meine Uhr!« Und Elvira heulte: »Mein Armband!« Und Ajax knurrte: »Mein Zigarettenetui.« Ich rief: »Meine Strumpfbänder!« Der Professor hatte uns bestohlen. Er hatte uns ausgeplündert! Unsre Taschen waren leer, und der Inhalt lag, bunt und strahlend, auf dem Weihnachtstisch. Wir stürzten drauflos, und jeder suchte, was ihm gehörte. Ich fand außer der Brieftasche meine Uhr, Hildegards Fotografie, den Füllfederhalter, den silbernen Kamm, den Paß und den Steuerbescheid auf dem Tisch. Den andern erging es ähnlich. Ajax war besonders wütend, denn Bellini hatte ihm die Schnürsenkel heimlich aus den Schuhen gezogen und unter den Christbaum gelegt. »Armer Mensch«, sagte Ajax mitleidig, »nun hat sich's ausgezaubert.« Dann packte er den Professor und warf ihn durchs Fenster auf die vorm Haus stehende Platane.

Mazeppa, der Jongleur, wollte Bellini einen Teller hinterherschleudern, traf aber den Kraftakt. Elvira kreischte auf und sprang, mit einem Salto, aufs Sofa. Paula hielt die Beine vors Gesicht. Die Männer warfen mit Stühlen und brennenden Christbaumkerzen. Vorm Hause, hoch im Baum, heulte der Zauberkünstler.

Ich empfahl mich, ohne viele Worte zu machen. Auf der Straße wurde mir wohler. Vor der Platane hatten sich Passanten versammelt und riefen nach einer Leiter. Denn Professor Bellini hing unerreichbar im Wipfel. Herr und Frau Streitmüller sahen schadenfroh aus dem Fenster.

Ich ging zu Alchinger, trank fünf Steinhäger und nahm an der Bescherung für Junggesellen teil. Ich bekam ein Paket Pfefferkuchen geschenkt. Sie waren steinhart.

Ich benutze sie noch heute als Briefbeschwerer.

Aber das hat seine Schwierigkeiten

Eduard ist glücklich. Er hat ein Amt. Und der liebe Gott hat ihm das dazu unvermeidliche Quantum Verstand geliefert. Er hat Vermögen. Und sein Papa selig hat es in ganz erstklassigen Kursen angelegt. Er ist verheiratet. Und liebt deswegen seine Frau. Soweit es in seinen Kräften steht.

Sie ist geradezu reizend. Auch zu ihm. Und heißt Margit … Eduard liebt außer Margit keine andre Frau! … Das heißt – doch noch eine. Aber das ist seine Mama. Und er denkt: Margit lieben und Mama lieben, das sind Aufgaben zweier getrennter Nervenbahnen. Also: Man kann seine Frau lieben. Und kann seine Mama lieben. Gleichzeitig!

Die Sonne scheint. Die Vögel zwitschern. Das Gras wächst zusehends. Die lieblichen Blumen blühen. Margit und Mama haben Eduard in die Mitte genommen und spazieren durch den Garten. Es ist alles in schönster Ordnung.

Plötzlich bleibt Margit vor einem Baum stehen, blinzt neugierig in das Geäst, das im Begriff ist, grün anzulaufen. Und bemerkt halb fragend: »Eine Magnolie.« Mama streicht knisternd über ihre Seidenmantille. Und sagt ernst: »Ein Birnbaum.« Margit entgegnet: »Liebe Mama, Sie täuschen sich wohl. Es ist eine Magnolie.« Mama lächelt dünn: »Liebes Kind, es ist ein Birnbaum … Magnolien werden niemals so groß.« »Doch Mama«, sagt Margit, »in Blasewitz, neben der Post, blüht jedes

Jahr ein Magnolienbaum, der mindestens so groß ist.« »Meine liebe Margit«, sagt Mama – und gibt ihrem Tonfall eine skandierende Würde –, »Magnolien gehören zu den Sträuchern.« »Aber in Blasewitz, neben der Post ...« Margit unterbricht sich ... »Es ist gut«, sagt die Mama.

Schweigen. Die Sonne scheint. Aber die Damen haben kühle Augen ... Die Vögel zwitschern. Die lieblichen Blumen blühen. Vergebliche Bemühung ...

Eduard liebt Margit. Und die Mama ... Aber es hat seine Schwierigkeiten ...

Eduard klopft behutsam an das Zimmer seiner Mama ... »Herein!« Mama sitzt am Fenster. Im selbstgestickten Sorgenstuhl. »Liebe Mama«, beginnt er, »ich wollte dich von Herzen bitten, etwas rücksichtsvoller gegen Margit zu sein.« Mama schaut sinnend durchs Fenster. Eduard fährt also fort: »Denn siehst du: es war alles in schönster Ordnung –« »Es war ein Birnbaum, Eduard«, sagt Mama streng. »Gewiß ... ganz gewiß ... aber«, sagt Eduard. »Und es gibt keine so großen Magnolien«, sagt Mama. – »Aber Margit will doch in Blasewitz –« »Da siehst du es ja«, fährt Mama dazwischen, »da es keine so großen Magnolien gibt, kann Margit auch keine gesehen haben! Aber sie ist ein ganz impertinenter Dickkopf!« »Aber ...« »Kein Aber!« sagt Mama, »es ist traurig genug, daß man sich von dieser jungen ... jungen ... Person so schulmeistern lassen muß!« »Aber ...« versucht Eduard. »Kein Aber!« sagt Mama. »Ich weiß ja längst, wie alles kommen wird! Du siehst vor lauter Verliebtheit nicht, wie niederträchtig deine Frau sein kann! Und du bestärkst sie noch darin! Aber ich lasse mir das unter keinen Umständen länger gefallen! Wo soll denn das noch hinführen! Soll ich mich vielleicht verkriechen! Wie? … Das beste wird sein, ich reise ab!« »Aber Mama –« bittet Eduard. »Jawohl, das wird das beste sein!« fährt Mama unerbittlich fort. »Man hat doch schließlich seine Nerven! Und ich vertrage nun einmal Zank nicht! Ruhe wird wohl erst werden, wenn ich unter der Erde –«

Eduard hat schließlich auch seine Nerven. Er entfernt sich geräuschlos. Es hat seine Schwierigkeiten …

Margits Frühjahrstoilette ist eingetroffen. Margit ist glücklich, denn ihr Eduard hat geäußert, die Dagover sei neben Margit nunmehr nur noch Provinz.

»Na, Mamachen!« strahlt Eduard in das Zimmer hinein, »Margits neueste Verkleidung! …« Margit wiegt sich nach dem Spiegel hinüber. Hat irgend etwas an ihrem Haar zu ordnen. Und harrt der Worte, die da kommen sollen … Endlich sagt Mama: »Sehr nett –.« »Aber?« fragt Margit mit verhaltenem Atem. »Ist es nicht etwas zu lang?« fragt Mama. »Finden Sie?« fragt Margit zurück. »Ich finde«, erklärt Mama. »Ich finde nicht!« erklärt Margit. »So lange Kleider würde nicht einmal ich tragen«, bemerkt Mama. »Dazu verpflichtet Sie ja kein Mensch!« sagt Margit kalt. »Haben Sie noch nicht bemerkt, daß das Kleid für mich gearbeitet worden ist?« Und wiegt aus dem

Zimmer. Um nebenan Klavier zu üben ... »Empörend!« ruft Mama. »Ich will gleich mit ihr sprechen!« sagt Eduard. Und verläßt schneidig den Raum.

Er liebt Margit und die Mama ... Aber es hat seine Schwierigkeiten ...

Eduard klopft behutsam an das Musikzimmer ... »Herein!« Margit sitzt am Klavier. »Liebe Margit«, beginnt er, »ich wollte dich von Herzen bitten, etwas rücksichtsvoller gegen Mama zu sein.« Margit bricht ihr Spiel ab und schweigt. Eduard fährt also fort: »Denn siehst du: es war alles in schönster Ordnung.« »Es ist nicht zu lang, Eduard«, sagt Margit streng. »Und Mama kann meinetwegen kniefrei gehen.« – »Aber – – Mama meint doch, daß sich selbst ältere Damen – –« »Da siehst du es ja«, fährt Margit dazwischen, »da jetzt lange Kleider Mode sind, werden sie auch von alten Damen getragen werden. Auch von Mama! Aber sie ist unsäglich halsstarrig!« »Aber – –.« »Kein Aber!« sagt Margit. »Ich weiß es ja längst, wie alles kommen wird! Du siehst vor Pietät nicht, wie bösartig deine Mutter sein kann! Und bestärkst sie noch darin! Aber ich lasse mir das unter keinen Umständen länger gefallen! Wo soll denn das noch hinführen! ... Soll ich mich vielleicht verkriechen! Wie? ... Das beste wird sein, ich fahre nach Hause!« »Aber Margit«, bittet Eduard. »Jawohl, das wird das beste sein!« fährt Margit fort. »Man hat doch schließlich seine Nerven! –« Eduard auch. Er entfernt sich geräuschlos. Es hat seine Schwierigkeiten ...

Eduard pilgert allein durch den sonnigen, grünenden Garten und denkt angestrengt nach. Bis er plötzlich stillstehen bleibt. Und mit ihm der Verstand. Ärgerlich bohrt Eduard mit dem Absatz ein Loch in den so schön geharkten Kies. Ah, das tut wohl! Deshalb bohrt er ein zweites Loch daneben. Und ein dritte ... Und betrachtet etwas stupid die drei Punkte im Kies ...

Plötzlich, da kommt es ihm! ... Drei Punkte! Der eine ist Margit ... der andere ist Mama ... und der dritte ist Eduard ... Glänzend! Genial! Er entschließt sich zur darstellenden Geometrie: Eduard liebt Margit. Und umgekehrt ... Stimmt! Eduard liebt die Mama. Und umgekehrt ... Stimmt! Mama liebt Margit? Und umge – – – Aha! Hier sitzt der Hund im Pfeffer!

Warum lieben sie einander nicht? Diese liebenswerten Geschöpfe? – Ärgerlich bohrt Eduard einen vierten Punkt in den Kies ... Mit einem Male lösen sich alle Beziehungen wohltuend ... diese Linie, jene Linie ... Eduard fixiert den vierten Punkt mißmutig ... Dieser dunkle Punkt! Dieser namenlose, ungetaufte ... Wie? ... Ungetaufte ... un ... ge ... tauf ... Eduard fängt plötzlich an, über den Kies zu rennen.

Am Kaffeetisch ist Eduard bester Laune. Der Mama klopft er mutwillig auf die Schulter. »Na, na«, sagt die Mama ... Und Margit streicht er das Brötchen eigenhändig. »Was hast du nur?« erkundigt sich Margit. »Ach Gott, nichts!« lügt er. »Ich hatte nur eben eine glänzende Idee.« »Ach geh«, sagt die Mama, »die glänzendsten Ideen pflegen an der Ausführung zu scheitern ...« »Aber erlaube mal!« bäumt sich Eduard auf, »das wäre doch einfach ...« Doch er bezwingt sich und fängt von neuem an: »Um von etwas ganz anderm zu sprechen: Wäre es nicht reizend, wenn wir ein Baby hätten?« »O ja!« ruft Margit. Und Mama scheint keineswegs abgeneigt solcher Familieneintracht.

Da sagt Mama: »Ein Junge ...« Und Margit prompt: »Ein Mädchen ...« Eduard ist enttäuscht und rät zum Abwarten ... »Wenn es ein Junge ist«, sagt Margit verträumt, »so soll er Rainer heißen!« »Rainer?« erbost sich die Mama, »was ist das für ein Name? Das ist überhaupt kein Name! Hubert soll er heißen!« »Ich werde mein Kind doch nennen dürfen, wie ich will«, sagt Margit voll Mutterstolz. »Man pflegt im allgemeinen derartige Wünsche der Großmutter zu respektieren!« »Aber der Junge ist doch noch gar nicht da«, wendet Eduard ein. »Wenn er aber da ist ...« widerspricht Margit. »Dann nennen wir ihn Rainer und Hubert!« schreit Eduard. »Das dulde ich nie und nimmer!« ruft die Mama. »Ich auch nicht«, weint Margit.

Eduard rotiert erregt um den Kaffeetisch. »Dann nennen wir den ersten Jungen Rainer. Und den zweiten Hubert«, sagt er, wieder voller Selbstbeherrschung. »Nenne du deine einfältigen Jungens, wie du willst!« erbost sich Mama. »Meine Kinder sind nicht einfältig! Verstehen Sie?« schreit Margit zurück, wirft ihren Stuhl um. Und läuft aus der Veranda.

»Mama«, sagt Eduard melancholisch. »Du solltest wirklich nicht so schlecht von meinen Söhnen sprechen. Du kennst sie viel zu wenig, um so hart urteilen zu können … Und Margit wirst du noch den ganzen Spaß verderben …«

»Ach, ihr mit euren albernen Kindereien!« schreit die Mama und läuft in den Garten.

Eduard liebt seine zukünftigen Söhne. Er liebt deren Mutter. Und er liebt deren Großmutter … Aber es hat seine Schwierigkeiten …

Peter

»Also, ich bin gespannt wie ein Regenschirm, was es heute mittag gibt«, erklärte Peter, als sich Arno von ihm verabschiedete. Arno seinerseits wackelte mit den Ohren, weil er das stets tat, wenn ihm nicht wohl war, und sagte: »Meine Vier im Diktat hat mich satt gemacht. Mein Alter wird furchtbar ausholen, wenn er die Zensur sieht.« Peter hieb ihm eins auf den Schulranzen und lachte. Aber Arno blickte ihn böse an, machte »Bäh!« und ging seines Wegs.

Peter pfiff sich die Treppen hinan, klingelte dreimal und murmelte fortwährend vor sich hin: »Denk' dir, Muttchen! Ich hab' im Diktat die Eins.« Er klingelte sicherheitshalber noch zweimal und beschloß dabei, von Arnos Vier, noblerweise, nichts zu sagen. Obwohl es natürlich guten Effekt gemacht hätte …

Er klopfte in kurzen Abständen sechsmal und klingelte wieder. – Er legte das Ohr an die Tür. Drinnen schlug ein angelehntes Fenster. – Er wurde ungeduldig, rundete den Mund dicht am Schlüsselloch und rief: »Mama! Mama, Ma–ma!«

Aber sie kam nicht. – Er trommelte mit der Faust an den Briefkasten und klingelte wie das Telephon klingelt, wenn es allein in der Wohnung ist. Dann wurde er unruhig, bekam es mit der Angst und trat mit dem Stiefel gegen die Tür!

Nichts rührte sich. Wo sie nur stecken mochte? Wenn sie nur beim Fensterputzen nicht auf die Straße – … Doch das hätten die Leute ja merken müssen. Und dabei roch es so gut nach Eierkuchen! Jetzt freilich hätte er gar keinen Eierkuchen gemocht.

Er klingelte noch einmal. Aber ganz behutsam, als wollte er nicht stören ... Dann setzte er sich auf die Treppe, holte tief Atem, stopfte die Fäuste unters Kinn und guckte zum Schlüsselloch hinüber, als sei es ein verzaubertes Auge ...

Na ja, und dann stand mit einem Mal ein Schutzmann da. Alle Wetter! Der zwirbelte seinen Schnurrbart, zog das Notizbuch zwischen den Uniformknöpfen heraus und fragte: »Welche Hausnummer ist das hier?« – Peter antwortete: »Achtundvierzig.« Der Schutzmann preßte den Bleistift in die Unterlippe, murmelte: »So, so. Hm. Sechs mal acht ist achtundvierzig«, blätterte in seinem Buch, zuckte die Achseln und meinte: »Meldungen liegen nicht vor.« Peter traten die Tränen in die Augen.

»Heul bloß nicht«, bat der Schutzmann, griff in die Tasche und holte ein ganz, ganz kleines Automobil heraus. Das hielt er an den Mund und blies die Backen auf. Er sah dabei aus wie einer vom Posaunenchor. Und das Auto wurde immer größer und immer größer, bis es auf der Treppe kaum noch Platz hatte. Der Schutzmann setzte sich ans Steuer und sagte: »Hopp! Jetzt wollen wir die Mama suchen.« Peter kletterte in den Wagen. Der Motor begann zu laufen, und dann rumpelten sie die Treppe hinunter. Das war kein Spaß. Vor allem die Kurven machten Schwierigkeiten. – Unten kam gerade Frau Pfennigwert aus dem Keller. Sie hatte Kohlen und Briketts geholt und verlor vor Schreck die Eimer. Und Augen machte sie! Peter mußte sich wegdrehen.

Sie fuhren viele Straßen entlang. Peter musterte alle Leute, und manchmal dachte er wirklich, die Mutter wär's! Sie war es aber nicht. – Sooft der Schutzmann hupte, nahmen die vorübergehenden Frauen die Hüte ab, damit man sie besser anschauen konnte.

»Noch nicht gefunden?« fragte der Schutzmann.

»Nein«, sagte Peter, »noch nicht.«

Tante Haubold begegneten sie, aber die wußte auch nichts und entschuldigte sich wegen ihrer Eile, aber sie müsse schleunigst zum Zahnarzt, um sich von ihm die Hühneraugen ziehen zu lassen. Es wäre nicht mehr zum Aushalten.

Ein paarmal fuhren sie auch direkt in die Geschäfte hinein, in denen die Mutter für gewöhnlich einkaufte. Im Konsumverein war sie nicht, bei Fleischer Augustin nicht und bei Bäcker Ziesche auch nicht. Der Schutzmann grüßte immer durch Anlegen der rechten Hand an die Kopfbedeckung, und Peter machte es ihm nach. Die Ladenfräuleins im Konsumverein wollten gleich mitfahren. Aber der Lagerhalter sagte, dann würde er weinen. Und da blieben sie eben im Laden.

Als sie wieder auf der Straße waren, borgte der Schutzmann Peter sein Taschentuch, ließ den Schnurrbart tieftraurig hängen und meinte: »Wir wollen mal nach der Hauptwache fahren, ob sie doch abgegeben worden ist.« Er schaltete den dritten Gang ein, und dann sausten sie, wie es das sonst nur noch im Kino gibt, nach der Polizeihauptwache. Der Portier rief: Hurra. Sie sausten an ihm vorbei, die Freitreppen hinauf und Gänge entlang und in ein Zimmer hinein, an dessen Tür »Fundbüro« geschrieben stand!

Drin saß ein Beamter vor einem Schreibtisch, frühstückte, klapperte dazu mit einem großen Schlüsselbund und fragte, warum sie draußen am Strohdeckel die Autoreifen nicht abgeputzt hätten und was sie eigentlich wollten. Als sie es ihm erklärt hatten, ging er mit seinem großen Schlüsselbunde zu einer langen Reihe riesiger Schränke, die an der Wand standen, und schloß sie auf.

Das waren ja nun wirklich komische Schränke!

Sie hatten große, breite Fächer, und in diesen Fächern standen Knaben und Mädchen, und Männer und Frauen, und warteten, daß sie von ihren Angehörigen abgeholt würden. – Ein kleiner Junge war schon über eine Woche da und hatte verweinte Augen. Er hatte vergessen, wie er hieß! Es hilft eben nichts, man muß sich seinen Namen merken ... Peter ging vor den Schränken hin und her und suchte. Er sah ganz kleine Kinder, die auf Topfstühlchen saßen und Schlagsahne löffelten; und er sah einen Professor, der sich einbildete, er sei ein abgegebener Regenschirm. Und ein anderer Herr war da, der hatte sich, spaßeshalber nur, seinen Vollbart abnehmen lassen, und wie er nach Hause kam, warf ihn seine eigene Frau die Treppe hinunter und behauptete, er sei gar nicht ihr Mann! Nun stand er hier im Schrank und wartete, bis er wieder einen Vollbart bekäme. – Viele Kinder waren da, die beim Einholen das Geld verloren hatten und sich nicht nach Hause wagten.

Alles in allem, es waren merkwürdige Schränke.

Aber Peters Mutter war nicht darin. Und da meinte der Schutzmann betrübt, weiter könne er nun auch nichts tun. Er wolle ihn wieder nach Hause bringen.

Unterwegs fuhren sie an einem langen Gebäude vorüber. Es hatte kein Dach. Die Fenster fehlten. Und Peter fragte, was das denn sei. Der Schutzmann blickte sich nicht um, antwortete nichts, sondern wendete nur den Wagen und ratterte durch das Haustor in den Hof. Sie stiegen aus, und Peter las ein Schild, auf dem stand: »Kaserne für böse Eltern«. Er wollte gleich wieder umkehren. Doch der Schutzmann sagte, es käme oft vor, daß versehentlich auch gute Eltern hierhergebracht würden. Man könne ja ganz schnell einmal durchgehen.

Zuerst führte sie der Inspektor in die »Station für leichtere Fälle«. Hier waren Männer und Frauen – in Kinderanzügen, mit Haarschleifen und Matrosenmützen – gerade dabei, aus Zeitungspapier Schiffe und Helme zu falten, andere kreiselten. Und wer es nicht zustande brachte, wurde auf einen Stuhl geschnallt und elektrisiert, bis er »Au!« schrie. Andere mußten an Reckstangen den Aufschwung und die Kniewelle üben. Andere sagten Schillers »Lied von der Glocke« her, bis sie es, ohne stekkenzubleiben, konnten. Einer, erzählte der Inspektor, deklamiere nun schon drei Tage und drei Nächte hintereinander, ohne zu pausieren ... Und wieder andere mußten das große Einmaleins vor- und rückwärts herunterschnurren oder dreißig Pfund Pudding essen.

Sie wurden hier behandelt, wie sie ihre Kinder behandelt hatten, und durften nicht eher wieder nach Hause gehen, bis sie schriftlich erklärten, gute Eltern werden zu wollen.

In der »Station für schwere Fälle« traf Peter seinen Klassenkameraden Arno. Der sah furchtbar verprügelt aus und zeigte stumm auf seinen Vater, der, in kurzen Hosen, vor einem Magnetofen stand und zusehen mußte, wie seine mit geriebener Semmel panierte Hand in einem Tiegel schmorte. Der rohe, grobschlächtige Mann war blaß und starrte entsetzt auf die Hand, die einem Kotelett immer ähnlicher wurde. Peter fand das abscheulich, aber der Inspektor sagte ihnen, Arnos Vater verdiene es nicht besser, und man habe an seinesgleichen schon die verschiedensten Methoden probiert; aber das Händebraten habe sich als das wirksamste Mittel erwiesen. Man wende es auch nur bei ganz besonders bösen, grausamen Eltern an, die dächten, Kinder wären zum Quälen da. – Es wäre trotzdem besser, wenn sie bald gingen. Denn vermutlich werde gleich die Brüllerei anfangen. Peter rannte wie besessen auf die Straße heraus.

Und nun, sagte der Schutzmann, wäre er mit seinen Kenntnissen zu Ende.

Er brachte Peter wieder auf die Treppe zurück, gab ihm die Hand, ließ die Luft aus seinem Auto, steckte es in die Tasche und ging.

Jetzt saß der Junge wieder auf seiner kalten Stufe und war recht unglücklich. Die Eierkuchen dufteten durchs Schlüsselloch, daß der Magen wie ein kleiner geärgerter Hund zu knurren anfing; und Peter wurde immer trauriger. Nirgends war die Mama zu finden gewesen. Wo mochte sie nur sein? Ihm war, er wartete schon viele, viele Stunden …

Dann schlug unten die Haustür, und er dachte: Das ist sie! Es war aber ein schwerer, langsamer Schritt, als ob jemand ein Klavier heraufschleppe. Und dann wars der Briefträger. Er stellte einen Riesenkarton neben die Tür und fragte: »Mutter zu Hause?«

»Nein«, sagte Peter, »was bringen Sie denn da Schönes?« Der Briefträger wußte es nicht, obwohl er es gern gewußt hätte, und zeigte auf den Karton. Dort stand in großen bemalten Buchstaben: »Vorsicht! Lebendig!« Peter nahm sein Taschenmesser und schnitt den Strick durch. Der Briefträger hätte zu gern gewartet, aber er hatte noch viele Wege vor und mußte weiter. – Peter hob den Deckel ab und sah nichts als Holzwolle. Mit beiden Händen griff er hinein und warf sie auf die Treppenstufen.

Als er wieder in den Karton hineinlangte, kriegte er eine Nase zu packen und erschrak mordsmäßig. Und dann bewegte sich die Holzwolle – irgend etwas krabbelte drin herum, pustete, hob sich empor – und das war: Peters Mama!

Er stand wie versteinert. Sie aber lachte herzlich, weil sie ihn so überrascht hatte, hopfte vollends aus dem Karton, stupste ihn vor die Nase …

Es war schon so. Die Mama gab ihm einen Nasenstüber und rief fröhlich: »Aber wer wird denn auf der Treppe einschlafen!«

»Donnerlüttchen!« sagte Peter, »endlich. Also, wo ich dich überall gesucht habe! Im Konsum, bei Augustins, bei Ziesches, auf dem Fundbüro …« Aber da merkte er, daß der Karton und die Holzwolle nicht mehr auf der Treppe lagen … Er schüttelte den Kopf und fragte: »Wo warst du nur so lange?«

»Bei Frau Rößler!« rief sie, »die soll mein blaues Kleid umändern! Und heute gibt's Eierkuchen!«

»Hab' ich längst gerochen«, meinte er stolz. »Mit Preiselbeeren oder mit Pflaumen?«

»Mit Quittenmarmelade!«

»O, das ist fein! – Was wollte ich doch noch sagen … Ja! Denk' dir, Muttchen, ich hab' im Diktat die Eins.«

»Du bist ein tüchtiger Junge.«

»Und Arno – du kennst doch Arno! – Arno hat die Vier!«

»Der arme Kerl«, sagte die Mutter und schloß die Tür auf.

Ein Musterknabe

Sooft sich zwei alte Schulkameraden zufällig auf der Straße begegnen, klopfen sie einander, notwendig, die Schultern und gehen ins nächste Restaurant. Dort sitzen sie – ihre Konstitution läßt es anders nicht mehr zu – mit gespreizten Beinen nieder, bestellen Pilsener Bier und Kümmel, fragen sich (wie im Chor): »Na, alter Junge, was machen wir Gutes?« Und dann vergleichen sie, annähernd neidlos: die Höhe ihrer Einkommen, die Zahl ihrer Kinder, den Stand ihrer Aktien, den Termin ihrer ersten grauen Haare und das Alter ihrer Frauen. – In wenigen Minuten wissen sie übereinander wieder vollständig Bescheid, auch wenn eben noch der eine den Namen des anderen nicht mehr wußte.

Und nun, nachdem jeder erkannt hat, daß der andere sein Leben bis zum Augenblick programmäßig verbrachte und daß nichts ihn hindern kann, darin fortzufahren; nachdem sie einander zugetrunken und billigend zugenickt haben – nun heißt es, bald geräuschvoll, bald mit zwinkerndem Geflüster: »Weißt du noch?« ... und es ist, als rieselte ihnen ein Zauberschreck vom Genick über den Rücken; als schmölzen ihnen die Bäuche fort und auch die Schnurrbärte; als schrumpften die Glieder klein und als hockten sie, wie einst, im weißgetünchten Schulzimmer. Und es kann geschehen – falls nur die vollbusige Dame am Schanktisch dem Kellner zu klingeln sich entschließt –, daß sie zusammenzucken, als wäre die Pause vorüber und der Lehrer müßte sofort die Tür aufreißen. Lange geht es so. Dann wird eine Pause eintreten, bis der eine fragt: »Weißt du übrigens, was aus dem Hennig geworden ist? Aus dem Musterknaben?« – »Na«, sagt der andere und nickt bedeutsam, »was kann der schon geworden sein! Ein kleiner Buchhalter ist er. Hier in der Stadt. Ich sehe ihn zuweilen ... Wir grüßen uns nicht ...« Dann schweigen beide von neuem, stülpen den Kümmel in den Mund, verziehen das Gesicht vor Wonne und bieten sich Zigarren an.

»Ja, so ... der Musterknabe ...« seufzt der erste. Und der andere bestellt die nächste Runde Kümmel und sagt: »Die bezahle ich.«

Kinder lieben heißer und hassen inbrünstiger, sie haben lichtere Freuden und heiligere Schmerzen als wir. Und verachten gar – verachten können sie wie kein Mensch sonst; doch selten nur würdigen sie jemanden dieser grausamen Verfolgung: am ehesten gilt sie jenen Deserteuren der Jugend, die man Musterknaben nennt; jener minderjährigen Fertigware des Daseins; jenen erwachsenen Kindern, deren Seele blutarm ist, da sie rasch wuchs.

Und auch wir verstehen es, solche Knaben geringschätzig zu betrachten! Ihre später belanglose und oft klägliche Laufbahn gibt uns scheinbar recht. Und doch gehört diese Verurteilung zu den bösesten Sünden, deren wir uns jemals schuldig machen können. Denn hier müßten wir eine der stummsten Tragödien erkennen – und wir gähnen; hier sollten wir den letzten Rest Glauben an die Güte des Schicksals zu verlieren fürchten – und wir spotten!

Insofern ist die folgende Geschichte vom Musterknaben eine kleine moralische Erzählung; denn sie will etwas Mißkanntes verstehen lehren, und Verstehen heißt ja wohl, die Anteilnahme des Herzens gewähren.

Seine Mutter war Witwe; noch jung, oft krank, für ewig enttäuscht. Längst wäre sie an jenem Leiden gestorben, das man, höchst anschaulich, »ein gebrochenes Herz« nennt, wenn sie nicht ihn, den kleinen Jungen, gehabt hätte. Seinetwegen lebte sie weiter oder genauer: existierte sie fort. Sie nähte für große Fabriken Leibwäsche; Taghemden und Nachthemden, Unterröcke und Mieder; auf der Nähmaschine und mit der Hand; im Akkord und gegen Stundenlohn; vom Morgen bis in die Nacht hinein, und zuweilen von nachts bis früh. – Sie lebte nicht. Sie nähte. –

Es wäre falsch gewesen, zu ihr von »stillem Heldentum« oder dergleichen zu sprechen. Es wäre überhaupt falsch, ihr Wesen mit solchen Schlagwörtern zu etikettieren. – Sie nähte, statt zu leben: um dem Kinde Schuh und Anzug, Brot und Fleisch kaufen, um ihm für Unterricht und Klassenausflug Geld geben, um ihm das »Buch der Erfindungen und Entdeckungen« und einen Schlitten schenken zu können. Sie arbeitete, um ihn zu erziehen. Und wahrhaftig! Sie erzog ihn.

So selbstverständlich es den Müttern ist, ihr Leben dem der Kinder zu opfern, so seltsam dünkt es manchmal die Kinder, daß es jemanden gibt, der ihr Glück mit dem seinen zu erkaufen scheint.

Als der Junge, von dem hier gesprochen wird, die Mutter einmal mit besonders ernsten Augen betrachtet hatte, wurde jener Musterknabe aus ihm, den er von dieser Stunde an blieb. – Als er, bald danach an einem Nachmittage, die Treppen des Hauses hinaufsprang, hörte er, daß sie den Flur scheuerte und leise sang. Laut wollte er »Mutter« rufen; rief aber nur die erste Silbe; dann schlug er hin, mit dem Kinn gegen die Granitkante einer Stufe, und biß sich die Zunge zur Hälfte durch. – Der Arzt sagte: er müsse in die Klinik; und die Mutter: er müsse für Wochen ins Bett.

Er selber sagte nichts; denn er konnte nicht sprechen. Aber am nächsten Morgen ging er wie stets zur Schule. – Vier Wochen lang brachte er kein Wort zustande. Die Zunge schmerzte und lag wie ein Berg in der blutigen Mundhöhle. Er konnte nichts essen und brachte Flaschenmilch mit, die er in den Pausen mühsam schluckte. Die Schüler lachten ihn aus, und die Lehrer rieten ihm, fernzubleiben. Aber, seit er der Musterknabe geworden war, fehlte er niemals auch nur einen einzigen Tag; seitdem wurde und blieb er Klassenerster.

Nach dem Mittagessen drängte ihn die Mutter täglich zur Tür hinaus, daß er unten im Hofe oder auf dem Platze spiele. Meist sträubte er sich und blieb über den Büchern. Und schlich er doch hinunter, so stand er dann fremd unter den jauchzenden, schwitzenden Kindern, trat sehr bald beiseite, um niemandes Fröhlichkeit zu stören, und spähte oft nach der Turmuhr, daß er die Stunde nicht versäume, zu der ihm die Rückkehr erlaubt worden war. –

Die Mutter nähte, und er lernte. Sie sagte: »Du darfst nicht immer lernen!« und er: »Du darfst nicht so viel nähen!« – Nun: Sie nähte, und der Knabe lernte …

Wie in einem Tunnel arbeiteten sie sich am Leben vorbei. Froh zu sein, gestatteten sie sich nur, wenn die Mutter zum Quartal das Geld gezahlt hatte, das sie in einem alten Briefkarton aufhob, und befriedigt nickte, weil es reichen würde; oder zu Ostern, wenn er sein Zensurheft langsam, mit bescheidenem Stolze, aus dem Ranzen schnallte. Dann lächelten sie einander an und gaben sich einen verstohlenen Kuß. – Das Lächeln verschwand bald. Die Arbeit ging weiter.

Es blieb alles, wie es war. – Der Musterknabe verließ die Volksschule. Eines Abends saß er neben der Mutter am Fenster, und sie bedachten: was nun werden solle … Sie wurden noch ernster als sonst; und da sie sich »Gute Nacht« wünschten, waren Kuß und Lächeln feierlich – und so kam er aufs Gymnasium. Jahre monotonen Fleißes folgten, und nach ihnen wieder ein solch stiller sorgenvoller Abend am Fenster, mit dem gleichen feierlichen Lächeln, – und so ging der Musterknabe auf die Universität. Von der Mutter fort, in eine ferne Stadt …

Im ersten Semester setzte er zwei Professoren in Staunen; im zweiten prophezeiten ihm alle eine außergewöhnliche Zukunft. Er nickte, schrieb's der Mutter, und arbeitete weiter.

Sie nähte, noch öfter als einst, auch die Nächte hindurch; schickte ihm jeden Monat das Geld, das er brauchte; manchmal steckte sie sogar zehn Mark in einen ihrer Briefe und schrieb: »Dafür sollst du Dir einen vergnügten Abend machen, mein Junge. Vergiß das nicht!«

Er lächelte, um nicht zu weinen. Und arbeitete.

Im fünften Semester wählte er sich ein Dissertationsthema und lernte ein junges Mädchen kennen. – Daß er seitdem zugrunde ging – denn er ging seitdem zugrunde – war nicht ihre Schuld; sie war anspruchslos und gut gewachsen; sie liebte ihn und tat nichts freudiger, als leise ordnend durch sein Zimmer zu gehen, indessen er am Tisch saß und arbeiten wollte.

Er konnte es nicht mehr. – Doch auch seine Schuld war es nicht, daß er nun endlose Stunden durch fremde Vorstadtstraßen wandern; daß er, einem Mondsüchtigen gleich, am Fenster stehen und in den Himmel starren mußte. Oder er schloß lange die Augen, blickte in sich hinein und erschrak bis zur Blässe, als er sah: er sei für ewig müde, für immer leer ... Er wußte jetzt, daß er ein Leben ohne Jugend zu büßen habe. Zwanzig Jahre zu früh hatte er begonnen: Pflichtgefühl zu zeigen; zwanzig Jahre zu spät: Wünschen zu folgen.

Als er das erkannt hatte, blieb ihm nur noch ein Kampf übrig: der Mutter sein Ende zu verbergen; ihr, die in der fernen Heimatstadt noch immer über die Nähmaschine gebückt saß, nähte, nähte ... und zuweilen nach der Flurtür ging, weil ihr schien, ein Brief sei in den Kasten geworfen worden.

Er hätte ihr die Wandlung nicht lange verheimlichen können. Doch plötzlich starb sie, ohne daß sie einander noch einmal gesehen hätten. Mit ihr ging sein letzter und einziger Stern unter. Und er verscholl ohne Spur. – Die Professoren schüttelten die Köpfe und murmelten: »Und er war doch so begabt!« Das Mädchen weinte und wartete.

Aber er schrieb nie mehr.

Und wüßten wir auch, wie diese kleine Geschichte weitergeht, – hier ist sie zu Ende ... Sie erzählte das Schicksal des verachteten Musterknaben, der kein Mann wurde, da er kein Kind war.

Ein Menschenleben

Solange es eben ging, hatte er arbeiten gemußt.
Jeden Morgen … Noch lagen die Straßen leer und müd und übernächtig. Die Schritte klapperten tönern auf dem Pflaster. Hinter grau verhängten, gähnenden Fenstern klirrten die Weckuhren. (Da standen sie jetzt auf. Mit eingekniffenen Augen. Und abwesenden Gesichtern.) … Die Bäume in den Anlagen froren. Ein Vogel plusterte sich. Und hatte noch keinen Mut zum Singen. Und der Mond schwamm fahl in einen unendlich trostlosen Himmel hinaus … Ein Lastwagen polterte in ein Brückenloch. Wie ein Sarg. Und auf dem Wagen stand ein kleiner Hund. Der kläffte wütend. Aber eigentlich nur aus Angst …

Plötzlich stand die Fabrik da. Schluckte ihn ein. Mit tausend andern.

Abends trabte er dann heim. Lahm in den Knien. Der blecherne Kaffeekrug hing schwer in der Hand. – Die Bäume in den Anlagen froren. In einem Sandhaufen steckte ein zerbrochenes Spielzeug. Auf den Bänken hatten schwatzende Frauen gesessen. – Die Straßen ertranken in tiefen Schatten. An den Schaufenstern schnatterten die Rolladen herunter. Die letzten Kinder wurden ins Haus gerufen … In einem Gasthaus rasselte ein Orchestrion. Ein Dienstmädchen trug Bier über die Straße …

Tagaus, tagein. Manchmal lag Schnee. Manchmal waren die

Bäume bunt. Wie Feldblumensträuße. Aber immer brannten ihm die Augen. Und immer hastete er vorbei. Ohne sich umzusehen. Jahraus, jahrein. Nur sonntags war Ruhe. Da saß er am Fenster. Und sah die Sonne. – Und wenn seine Frau schalt, weil er auf seiner alten Geige herumstrich, konnte er sogar lächeln. Denn dann war er glücklich. Er spielte nicht etwa gut. Die Hände waren steif und schwer. Aber ihm klang es wundervoll. Immer wieder spielte er diese paar Lieder, die er als Junge gelernt hatte. Was sie nicht alles zu erzählen wußten! Seine Frau hörte das nicht. Denn er spielte wirklich schlecht. Aber er lächelte dabei …

Jahrzehnte sanken wie Blätter von den Bäumen. Und immer die Fabrik! Und immer nur der eine Sonntag – – Das Kind wurde konfirmiert. Die Frau starb. Das änderte nichts … Die Haare wurden grau. Die Tochter heiratete. Das änderte nichts … Er arbeitete. Und gab sein Geld hin. Wie zuvor … Sonntags spielte er auf seiner Geige. Und sie schalten. Wie zuvor …

Aber eines Tages schickte man ihn aus der Fabrik fort. Konnte ihn »beim besten Willen« nicht mehr brauchen. – Da saß er das erstemal in den Anlagen auf der Bank. Mitten unter den Frauen. Die Sonne schien. Die Kinder lärmten und lachten. Er hörte alles wie durch dicke Mauern. Da traf ihn ein Stein! Er ging. Heim …

Die Tochter kreischte: »Wovon willst du denn jetzt leben!« Der Schwiegersohn pfiff vor sich hin. Und spuckte in den Kohlenkasten. – Wenn sie ihn riefen: »Komm! Mußt doch was essen!« blieb er am Fenster sitzen. Und sah auf die Straße hinunter. Mitten in einen Fleischerladen hinein ... Eines Morgens steckte er seine Geige unter die Jacke. Niemand sollte es sehen. Und drüber lachen ... Dann stieg er irgendwo Treppen. In einem entfernten Stadtviertel. Lehnte gegen eine feuchte Wand. Und spielte seine Lieder. »Aus der Jugendzeit« war sein Lieblingslied. Er hatte es als erstes gelernt. Vor sechzig Jahren. Er konnte es noch immer nicht. Und die Hände zitterten. Er hatte Angst ... Seine Geige klang gell und frech durch die schmutzigen Korridore. Jemand schlug die Tür zu. Kinder beugten sich über das Treppengeländer. Neugierig. Und ihm zitterten die Hände.

Manchmal brachte man ihm einen Teller Suppe. Oder ein Stück Brot. In Zeitungspapier gewickelt. Oder ein Kind wurde aus einer Tür gestoßen. Kam zögernd näher. Und reichte ihm etwas Geld. Manchmal schimpften sie. Wie zu Hause. Dann steckte er traurig die Geige wieder unter die Jacke. Stieg die Stufen langsam hinunter. Und andere hinauf. Stand in anderen Korridoren. Treppen. Korridore. Bis zum Abend ... Mitunter saß er in den Anlagen. Und fror. Auch in der Sonne. – Zu Hause nahmen sie ihm sein Geld ab. Damit er wenigstens seinen Mietzins zahle! Es tat ihm nicht gut, jeden Tag seine Kinderlieder zu geigen. Er dachte an seine Mutter. Wenn sie nach Hause kam. Vom Waschen bei fremden Leuten. Die Geige hatte sie ihm geschenkt. Seine Mutter ...

Immer öfter saß er in den Anlagen. Ihm war: Er sei ein kleiner Junge … Es wollte nicht mehr gehen. Von früh bis abends saß er auf der Bank. Sie kannten ihn schon alle. Dann ging er nach Hause. Sie fragten auch nicht mehr nach Geld. Sie fragten auch nicht mehr, ob er Hunger habe. –

Einmal stand er schon mittags von der Bank auf. Ging heim. Sie waren auf der Arbeit. Er wollte etwas essen. Der Küchenschrank war abgeschlossen. – Da setzte er sich ans Fenster. Und weinte. Es tat gar nicht weh, das Weinen … Dann zählte er sein Geld. Er wußte genau, daß es beinahe 500 M waren. Markscheine, Zweimarkscheine, Fünfmarkscheine. Auch ein Hundertmarkschein war dabei. Er entsann sich: Ein kleines blondes Mädchen hatte ihn hingestreckt. Sehr schüchtern. Er legte das Geld auf den Tisch. Auf ein Stück Zeitungsrand schrieb er mit unsicherer Hand: »Für die Miethe! Vater.« Die Sonne spielte mit den Gardinen. Und in den Fenstern über der Straße blühten Geranien.

Und dann erhängte er sich in der Schlafkammer. An der Türklinke …

Meine Mutter hat mir von ihm erzählt. Auch auf unserer Treppe hat er gestanden. Und gegeigt. »Aus der Jugendzeit!« … Sie haben ihn alle gekannt. –

Gustav hat abgeschrieben!

Gustav hatte von Leo abgeschrieben. Während der Rechenarbeit. – Das wäre vielleicht nicht weiter aufgefallen, wenn Leos Lösungen richtig gewesen wären. Sie waren aber falsch: 3498 : 179 war bei Leo seltsamerweise 199,99! Und Gustav, der beim Rechnen nur das Abschreiben beherrschte, hatte, selbstverständlich, auch 199,99 herausbekommen. Genau wie Leo.

Lehrer H. merkte den Schwindel beim Heftekorrigieren. Und die Sache wäre glimpflich abgelaufen, wenn Gustav sein Vergehen zugegeben hätte. Er *log* aber und behauptete steif und fest, er habe *nicht* abgeschrieben. Er war sogar so ungezogen und unanständig, zu erklären: Vielleicht habe Leo von *ihm* gespickt! – Lehrer H. fragte nun Leo, wie sich die Sache verhalte. Leo sagte, er habe nicht abgeschrieben. Weiter war aus ihm nichts herauszubringen. Natürlich wußte er, daß Gustav gelogen und daß er während der Arbeit sein Heft zu sich herübergezogen hatte. Das wollte er aber nicht gestehen.

Der Lehrer versuchte es auf jede Weise, doch Leo schwieg. Da sagte Herr H.: »Ich gebe dir bis morgen Bedenkzeit. Wenn du dann noch immer nichts gesagt hast, werden wir weitersehen!« Und als er das Klassenzimmer verließ, war er recht ärgerlich. – Gustav versammelte die ganze Klasse um sich, packte Leo drohend an der Jacke und sagte: »Wenn du mich verrätst, kannst du was erleben.« Und Arthur rief: »Wenn er es verrät, ist er ein Feigling!« Und die meisten gaben ihm recht.

Könnt ihr begreifen, wie es Leo zumute war? Wenn er zu Gustav hielt, war er ein Lügner; und er wußte, daß es nichts Häßlicheres und Ehrloseres gibt als die *Lüge*. Wenn er aber Gustav beim Lehrer angab, hielten ihn die andern für einen feigen Kerl und Verräter; und nie würden sie glauben, er täte es aus Wahrheitsliebe, sondern um sich bei Herrn H. einzukratzen. Und aus Angst vor Strafe. – Ganz unrecht hätten sie dabei nicht einmal gehabt: Leo hatte wirklich Angst! Er fürchtete, wenn er schwiege, würde er einen Brief nach Hause mitbekommen, in dem dann stünde, daß er ein Lügner sei. Und das durfte niemals geschehen! Denn Leos Mutter war krank und hatte außer ihrem Jungen nichts auf der Welt. Also Jungens, könnt ihr begreifen, wie es Leo zumute war? – Er briet zu Haus Kartoffeln und Spiegeleier, trug die Mahlzeit ans Bett der Mutter und aß mit ihr. Er konnte nämlich alles mögliche kochen und braten: Beefsteak, Makkaroni, Milchreis, Kaffee, sogar Schnitzel, die man erst in geriebener Semmel wälzen muß. Er kochte gern, weil er's für die Mutter tat. Und das Essen verstand er auch nicht schlecht! Aber heute schmeckte es ihm nicht. Die Mutter merkte, daß etwas nicht in Ordnung war und fragte ihn. Aber er tat lustig, um sie nicht aufzuregen, und bat gar, ein bißchen auf den Spielplatz gehen zu dürfen. Dabei wär er viel, viel lieber bei der Mutter geblieben!

Da stand er dann auf dem Spielplatz und machte sich schwere

Gedanken. Gab es wirklich keinen Ausweg? Mußte er wählen, ob er ein *Lügner* oder ein *Verräter* werden wollte? Blieb nichts Drittes übrig?

Gustav, Arthur und andere aus der Klasse kamen an ihm vorüber. Sie gingen Fußball spielen und beachteten ihn gar nicht. Er blickte ihnen nach. War es wirklich Verrat, wenn er die *Wahrheit* sagte, weil er das Lügen verabscheute und fürchtete, der Lehrer könne ihm einen Brief mitgeben? War es denn Verrat, einen solchen Lügenkerl wie den Gustav der verdienten *Strafe* auszuliefern? Wurde der nicht noch böser und fauler, wenn man seinetwegen zu lügen anfing?

Leo schlief an diesem Abend nicht ein. Er warf sich im Bett herum, genau wie die Gedanken im Kopf. Dann lag er wieder lange, lange still, daß die Mutter nichts weiter merke. – Schließlich nahm er sich fest vor, dem Lehrer nichts zu sagen – komme, was wolle! Er konnte die bloße Vorstellung einfach nicht ertragen, für feig gehalten zu werden.

Am Morgen drauf hatte Leo das erstemal richtige *Furcht* vor der Schule. Am liebsten wäre er auf der Stelle krank geworden! Aber dann nahm er sich zusammen und ging doch.

Gustav sah ihn böse an. Die andern taten fast alle, als wäre er Luft. Und Lehrer H. hatte, obwohl er nicht über die Sache sprach, etwas im Blick, was ihn traurig machte. Leo fror. Und blaß sah er aus. Zum Erbarmen.

Am Schluß der letzten Stunde behielt der Lehrer die Klasse zurück, rief Leo auf und sagte: »Nun schieß mal los!« Leo stand auf und schwieg. – Herr H. ging zwischen den Bänken hin und her, blieb schließlich bei Arthur, wie zufällig, stehen und meinte: »Wenn *du* nun, statt Leo, mit Gustav zusammensäßest, ließest *du* Gustav von dir abschreiben?« Arthur sagte: »Ich bin doch im Rechnen noch schlechter als Gustav!« Erst mußten alle lachen, dann fragte der Lehrer weiter: »Hältst du das Mutigsein für etwas Schönes? Ja? – Würdest du, an Gustavs Stelle, mutiger sein? Denn Gustav ist doch feig, nicht wahr?« Da sprang aber Gustav auf: »Ich bin nicht feig!« – »Doch, doch, Gustav«, sagte der Lehrer H., »du bist sogar sehr feig. Und Leo ist tapfer. Ich werde von heute ab –« »Ich habe abgeschrieben, Herr H.«, sagte Gustav eilig, »abgeschrieben habe ich. Aber feig bin ich nicht.« – »Na, das ist wenigstens etwas«, meinte der Lehrer, »doch du mußt auch noch fleißig werden und zu stolz, den Nachbar zu bestehlen.« Dann klopfte Herr H. Leo auf die Schulter und setzte Gustav auf eine Bank ganz allein für sich.

Weisheit der Bücher

In den oberen Gymnasialklassen brachte uns die neueren Sprachen ein alter Professor bei, der nur Vorzüge besaß. Das klingt zwar nach mutwilliger Übertreibung. Aber es war so. – Immerhin scheint es am Platze, diesen unwahrscheinlichen Lehrer mit einigen Fußnoten zu versehen. Gerade die Wunder bedürfen ja der Beweise.

Also: Jener Professor war, zum Beispiel, jahrelang in der Türkei gewesen; und aus diesem nicht eigentlich zureichenden Grunde nannten wir ihn »Scheich«. In Schottland hatte er irgendeinen Shaftesbury erzogen. An der Harvard-Universität erinnerte man sich seiner mit Vergnügen, und in Paris war er beinahe zu Hause. Er galt demnach, mit gutem Recht, für einen welterfahrenen Mann; mochte aber auch in jenem anderen Gebiet, das keiner Ausdehnung bedarf, um groß zu sein – in der Welt der Leidenschaften und Enttäuschungen –, einigermaßen bewandert sein. Jedenfalls ließ manche seiner Bemerkungen darauf schließen … Er war gewiß nicht als Lehrer schon zur Welt gekommen, sondern er war es mühsam geworden. Er hatte sein Leben nie als Sparguthaben betrachtet; er hatte damit spekuliert.

Können Sie sich jetzt ein Bild vom »Scheich« machen? Noch nicht? – Dann also ein paar äußere Zutaten: Er war von unbeschreiblich belangloser Figur, war ernstlich der Kleinste in der

Klasse … Dazu ein Sanguiniker, der wie ein Gummiball durch die Bankreihen hüpfte. Er war nicht nur der Kleinste, sondern auch der Jüngste. Er konnte herrlich mit den Augen rollen, während er deklamierte. Wie Hiob raufte er sich den Bart, wenn er unzufrieden wurde. Und wie oft war es notwendig, daß er sich den Bart raufte! – Oder er stand zuweilen neben einem der Primaner still, legte ihm die Hand auf die Schulter und bemerkte dann irgend etwas, das wir nie ganz vergaßen.

Von einer jener Bemerkungen ist hier zu reden. – In einer der Schulstunden, die keine waren (ob wir Mérimée lasen oder Meredith, ob Dickens oder Verlaine, wird niemand von uns noch wissen), in einer dieser Stunden sagte er plötzlich und fast obenhin: »Lassen Sie sich nichts weismachen! Wir Durchschnittssorte begreifen das Leben nicht per Erfahrung, sondern in Büchern … Und wenn wir die Erde exakter als unsere Westentasche kennen! Und wenn wir die Leidenschaften täglich und im Akkord beschäftigen – der einzige Roman eines Dichters ist uns dienlicher als drei Cookfahrten um die Welt und zehn Liebschaften mit annähernd tödlichem Ausgang. – Hiermit will ich Ihre Sehnsucht nach dem Leben nicht verspotten, sondern bloß den Wert der großen Romane ins gehörige Licht gerückt haben. Sie können mir's glauben. Denn ich habe wahrhaftig nicht nur Romane gelesen … Na ja. Dixi. Giese, fahren Sie fort!«

Kein Mensch wird, nachträglich, von uns erwarten, daß wir dem »Scheich« glaubten. Er selber hätte uns das verübelt und auf unsere Temperamentlosigkeit geschimpft. – Nun, das alles ist lange her … Als Studenten schrieben wir, sooft sich zwei von uns trafen, Ansichtskarten an ihn. Und später? Der Mensch ist als undankbare Kreatur bekannt. Aber recht hat der »Scheich« damals gehabt!

Freilich blieb einigen nicht sonderlich viel Zeit zur Romanlektüre. Einige kamen im Kriege um. Ein paar starben in Davos, wo ihnen auch der Pneumathorax nicht mehr helfen konnte. Einer lief sich beim Hockeyspiel die Zehen blutig und starb an falscher Behandlung. Und noch einer, der Klügste von allen, schoß sich tot. – Immerhin, die anderen blieben übrig; erlebten Schönes und Häßliches, wie der Zufall es fügte, und nannten's Erfahrung. Binsenwahrheiten wurden neu entdeckt; Allgemeinplätze wurden beharrlich abgeschritten; Amerika und Ehebruch, Liebe und Berufswechsel, Reichtum und Konkurse wurden »erfahren«. Wie man Mahlzeiten zu sich nimmt, wurde das Leben hingenommen. Es schmeckte nur ab und zu; verdaut wurde es immer. Ohne langes Nachdenken, unwillkürlich und hübsch nebenbei. So, wie sich das für einen geordneten Stoffwechsel ziemt.

Geht es nicht allen so? Wer wagt zu behaupten: er stünde sich selber so fern, daß er sein Leben wie eine Landschaft überschaut? Wer errät den Sinn jener törichten Serie von Zufällen, die seine Existenz ausmachen? Jeder ist Durchgangsstation für hunderttausend Erlebnisse; das Leben vollzieht sich unsichtbar hinter dem Kulissenbau der Tatsachen.

Nur wenige Menschen – selten sind sie und früher hießen sie

Dichter –, nur sie erkennen, was den anderen einfach passiert. In ihren Romanen hat plötzlich Zusammenhang, was sonst ohne Beziehung; hier hat Sinn, was sinnlos schien. Zufall enthüllt sich als Schicksal; aus dem Wirrwarr löst sich das Gesetz; Besonderes wird zum Symbol.

Wer solch ein Buch liest, spürt, wie ihm eine Binde von den Augen sinkt. Er wird sehend. – Er war nur der Exekutor seiner Taten und Leiden; jetzt wird er ihr sinnender Betrachter. Er lebte als Geschöpf; jetzt erlebt er eine Schöpfung.

Der »Scheich« kannte die Erde, und er kannte Schmerz und Glück. Und den Dichtern verdankte er, was er allein nicht erreicht hätte: Bescheidenheit trotz des Glückes; Heiterkeit trotz des Schmerzes; Klarheit trotz der Abenteuer. – Darum riet er uns, was wir nicht glauben wollten: daß das Leben in den Büchern steht; daß andere deuten, was uns widerfuhr … Jetzt glauben wir's.

Das Fräulein am Reck

Etliche Tage vor Fastnacht erklärte Stefan Bosch, er habe eine Idee. Man müsse einen von der Bande, sagte er, als Mädchen verkleiden, sonst mache ihm der vom Rektor angeordnete Fastnachtsrummel absolut keinen Spaß. Er schlage Görgchen vor. – Die Tertia fand den Antrag passabel. Nur Görgchen, genauer Georg Fabian, war dagegen, feuerte Reums französische Grammatik (Band II, Syntax und unregelmäßige Verben) auf Bosch ab und traf. Doch dann kam Professor Koch ins Klassenzimmer und gab die lateinischen Arbeiten zurück.

Professor Kochs Humor bestand ausschließlich im Zittern seiner schwarzgewichsten Schnurrbartspitzen. Die Schüler lasen ihm am Schnurrbart ab, ob er einen Witz gemacht zu haben glaubte, und wurden, wenn es der Fall war, todernst. Leo Kulp hatte einmal, für kurze Zeit, das »Lachen reihenweise« eingeführt. Seitdem besuchte er in der Neustadt eine Privatschule ...

Das Extemporale war, nach Professor Kochs glaubwürdiger Ansicht, hundsmiserabel ausgefallen. Seine Schnurrbartspitzen zitterten wie Kompaßnadeln, während er die Resultate bekanntgab. Görgchen hatte wieder die Vier, diesmal allerdings, wie der Lehrer anerkennend betonte, eine »gute« Vier. Boschs Arbeit gab er gar unzensiert zurück, da es unmöglich sei, dieses Elaborat, vor Einführung der Fünfzehn als rechtskräftige Zensur, zu beurteilen. Stratil hatte, als Primus, die Drei. – Professor

Koch hielt anschließend eine kleine Ansprache, in der er versicherte, er werde in der nächsten Lehrerkonferenz dafür plädieren, daß Bosch, Lawerenz und Steinhövel wieder ins Internat zögen. Das Leben daheim, im fidelen Schoße der Familie, störe ihren Bildungsgang aufs empfindlichste.

In der folgenden Pause herrschte im Klassenzimmer der Tertia Ruhe. Erst nach der Deutschstunde brachte Bosch seinen Antrag erneut ein. Man stimmte ab, und Stratil verkündete: Neunundzwanzigmal ja, einmal nein – Görgchen müsse als Mädchen gehen. Stefan Bosch versprach, die Kleider, und was sonst nötig sei, zu beschaffen. Er habe da eine Cousine …

Boschs Cousine Ursula tat ihr möglichstes. Sie wurde von ihren Eltern streng behütet und sättigte ihre bescheidene Abenteuerlust an Stefans Beichten. Sie gab ihm regelmäßig die Hälfte ihres Taschengeldes, und er erzählte ihr dafür regelmäßig das Doppelte von dem, was er erlebte. Sie war die stille Teilhaberin seiner Phantasie. Der Plan, Görgchen Fabian zu verkleiden, gefiel ihr eminent, und sie stellte die Ausrüstung mit rückhaltloser Offenheit zusammen. Die Perücke, eine Gretchenperükke, aus echtem Haar und mit prachtvollen Zöpfen, lieh man beim Theaterfriseur Mittelmann.

Am Fastnachtsdienstag, gegen Abend, steckten dreißig Tertianer im abgeriegelten Schrankzimmer 6. Görgchen wurde eingekleidet. Er genierte sich gräßlich, und die anderen lachten. Alles mußte er anziehen, sosehr er sich sträubte: eine

Hemdhose in Rosa, Florstrümpfe, Brokatschuhe, Ursulas blaues Etagenkleid mit langen Ärmeln (aus Rücksicht auf seine Armmuskulatur), zum Schluß die Perücke – und dann war es vorerst mit dem Gelächter vorbei! Der Junge sah wahrhaftig wie ein hübsches, fremdes Mädchen aus. Als er sich in seinem zerbrochenen Schrankspiegel betrachtete, schüttelte er den Kopf, daß die blonden Zöpfe flogen. Und Bosch rief in einem fort: »Na, was habe ich gesagt?«

Als man Görgchen schließlich die Brust, etwas zu ausführlich, wattiert, und ihm die vergessenen Strumpfhalter unter größter Mühe angelegt hatte, zog man in Marschkolonne nach dem Speisesaal, wo für die Internen und die zum Fest gemeldeten Extraner die Tische gedeckt waren. Bosch stellte beim Präfekten und andern beamteten Primanern Görgchen als »eine Cousine von mir« vor und fragte, ob sie mitessen dürfe.

Görgchen Fabian erhielt einen Platz neben dem Präfekten, dem Primaner Etzdorf, der ihn normalerweise nicht ausstehen konnte, jetzt aber von der ausgesuchtesten Liebenswürdigkeit war. Kandidat Hofmann, der Hauslehrer, betrat den Saal, inspizierte knurrig die Tische, ließ sich »Boschs Cousine« vorstellen und machte ihr, als einem »deutschen Langhaar«, wie er sagte, Komplimente. Görgchen versuchte glockenhell zu lachen. Etzdorf rühmte laut den Appetit seiner Tischdame und verwarnte Stratil, der herausplatzte.

Die Schüler kostümierten sich, nach dem Abendbrot, rasch, setzten sich Strohhüte und Reisemützen auf, bemalten sich die

Brust mit Herzen und Ankern, fuhren in Pyjamas, rußten sich Schnurrbärtchen unter die Nase und zogen nach der Turnhalle.

Pawliczek, der Hausmeister, hatte Girlanden aufgehängt. Das Schulorchester spielte Tanzmusik. Konfetti und Papierschlangen verwandelten den Parkettboden in eine Wiese und die Leitern und Balken in bunte Bäume. Als einige Lehrer mit ihren Frauen und Töchtern anrückten, war man schon vergnügt.

Bosch stellte seine Cousine – nicht ganz frei von Atembeklemmung – dem Rektor vor. Rektor Johst trug ein rotes Türkenfes und erklärte scharmant, der Tertianer Bosch habe wenigstens einen Vorzug, und das sei seine Cousine. Die Frau Rektor zog Görgchen ins Gespräch: welches Lyzeum er besuche; ob er Fräulein Studienrat Hartwig kenne, wieviel seiner Klassenkameradinnen außer ihm noch lange Zöpfe trügen; ob er seine Kleider selber schneidere, und andres mehr. Er stand mit rotem Schädel da und blickte wütend in die Gesichter der herumlungernden Tertia.

Späterhin mußte er sehr viel tanzen. Kandidat Hofmann war unermüdlich. Er brachte Pralinen und drückte ihn, beim Walzer, ans Herz. Alfons Krummbiegel, der alte Zeichenlehrer, wurde wieder jung und bat um die Ehre, das gnädige Fräulein portraitieren zu dürfen. Dr. Körner, der Mathematiker, erklärte den Damen der Kollegen, so ein hübsches Mädchen wie Boschs Cousine gäbe es im Umkreise von fünfzig Kilometern überhaupt nicht wieder. Die Damen lächelten höflich …

Dann holte Kandidat Hofmann aus seiner Hauslehrerwohnung eine Flasche Sherry, bat das Fräulein an einen Tisch und bewirtete den angebeteten Gast nach besten Kräften. Leider fragte Görgchen, ob er immer so häßliche Krawatten trüge.

Es wurde immer lustiger. Sekundaner Erlwein zeigte am Hochreck einige Kürübungen, deren elegante Kühnheit Beifall hervorrief. Plötzlich sprang Boschs Cousine auf und drängte nach der Reckstange hinüber. Stratil, der sich rettend dazwischenwarf, erhielt einen durchaus unweiblich geführten Rippenstoß. Und eine Minute später sah die erstaunte Festversammlung, daß die junge Dame am Hochreck turnte. Sie begann mit der Rückstemme, fügte eine dreifache Bauchwelle vorwärts an, kippte aus gestrecktem Schwung, schwang sich, mit fliegendem Kleid, in eine Riesenwelle hinein, verharrte einen Augenblick im Handstand, ging aus dem Tiefschwung in eine Sitzkippe über, machte eine Sitzwelle – freihändig! – und kam, hoch im Bogen durch die Luft sausend, direkt vor Rektor Johst zu stehen, der zusammenzuckte, als schlage eine Granate neben ihm ein.

Frau Dr. Körner entging knapp einer Ohnmacht. Die andern waren begeistert, schrien, klatschten, trampelten, und die Tertia trug ihre Heldin auf den Schultern durch die Menge. Dann stieg Rektor Johst auf einen Stuhl und hielt eine wundervolle Rede. Er sprach preisend von den deutschen Mädchen, wies auf den gesunden Geist im gesunden Körper hin, besang den Turnvater Jahn und die Freiheitskriege, rief den Sport dezent als die beste Vorbereitung auf die Mutterschaft an, verweilte gutmütig warnend bei der Bevölkerungsstatistik des Deutschen Reiches und brachte, vom Schulorchester unterstützt, ein dreifaches Hoch auf Boschs Cousine aus.

Görgchen wurde es ungemütlich. Er zwinkerte Bosch zu und drückte sich aus der Halle. Kandidat Hofmann eilte, klopfenden Herzens, hinterher. Später ging auch Bosch. Getrennt, wie sie gegangen waren, kehrten sie wieder zurück; es schien, verstimmt. Um Mitternacht hob Rektor Johst das Fest auf. Die Herren verabschiedeten sich herzlich, mit Handkuß und frommen Wünschen. Die Damen nickten nur.

Tags darauf bat Kandidat Hofmann um die Einberufung einer Lehrerkonferenz. Als man vollzählig versammelt war, beteuerte er, die Sache sei ihm sehr peinlich, aber er müsse denn doch die Erinnerung an den gestrigen Tag durch einen Mißton stören und beantragen, daß die Lehrerschaft dem Tertianer Stefan Bosch das Consilium abeundi erteile. Er sei gestern abend dazugekommen, wie Bosch sich mit seiner Cousine, diesem turnerisch begabten Mädchen, ins Schrankzimmer 6 eingeriegelt habe.

Der Rektor fiel der Verzweiflung anheim und schlug vor, Bosch zu zitieren. Da griff Dr. Walpurg, der Deutschlehrer, ein. Eben habe die Tertia über die gestrige Feier einen Klassenaufsatz geschrieben. Und da sei ihm aufgefallen, daß Georg Fabian gefragt habe, ob man alles, was passiert sei, schreiben dürfe. Er,

Walpurg, habe die Frage natürlich bejaht – er vertrete das Prinzip der Schreibfreiheit, doch das wüßten die Kollegen ja – und, für alle Fälle, Straferlaß zugesichert.

Der Rektor bat, Fabians Aufsatz, soweit er aufschlußreich sein könne, vorzulesen. Dr. Walpurg suchte Fabians Heft aus dem Stoß und las aus Görgchens Aufsatz einige Proben vor.

»Daß ich mich«, schrieb der Junge, »als Mädchen verkleiden mußte, daran waren Bosch und die Klasse schuld. Bloß ich war dagegen. Ich fand es scheußlich, als Mädchen angezogen zu sein. Ich kann Mädchen überhaupt noch nicht leiden. Das Kleid und das Unterzeug gehörte Boschs Cousine. Die Perücke haben wir bei Friseur Mittelmann geborgt. Das soll auch noch fünf Mark kosten. Aber ich denke gar nicht dran ...

Im Speisesaal ging's schon los. Etzdorf fragte, wie mir's schmeckte, und Kandidat Hofmann erkannte mich auch nicht. Er tanzte furchtbar viel mit mir und zwar so eng, daß ich kaum Luft kriegte, und brachte Pralinen angeschleppt. Die haben wir dann nachts im Schlafsaal verfuttert. Es war so komisch ...

Als der Rektor mit mir sprach, wurde mir flau, und ich ärgerte mich über die ganze Klasse, die sich amüsierte ...

Warum ich plötzlich ans Reck rannte, weiß ich nicht. Wahrscheinlich wollte ich für mich allein sein. Die Riesenwelle klappte nicht besonders. Und bei der Sitzkippe riß das Strumpfleibchen von Boschs Cousine. Und die Strümpfe rutschten. Und ich zwinkerte Bosch zu, er solle mal mit rauskommen. Draußen kam aber erst Kandidat Hofmann und lud mich für Freitag zum Fünfuhrtee ins Exzelsiorcafé ein. Dann hakte er sich bei mir ein, und ich war heilfroh, daß Bosch kam. Wir rannten schleunigst in mein Schrankzimmer. Dort haben wir die Strumpfhalter seiner Cousine repariert. Die Strümpfe selber waren ebenfalls entzwei ...

Kein Mensch hat mich erkannt. Nicht am Reden und nicht am Turnen und überhaupt nicht. Und dabei wäre ich froh gewesen, wenn man mich erkannt hätte! Erstens hätte dann der Rektor die Rede nicht zu halten brauchen, und zweitens ärgert es mich, daß man mich für ein Mädchen halten kann, bloß weil ich lange Haare und ein Kleid anhatte. – Ich bin kein Schauspieler und auf so was nicht stolz. Ich will ein Sportsmann werden. Am liebsten Käpten bei einer Eishockeymannschaft. Das ist ein sehr schneller und spannender Beruf ...

Hoffentlich nimmt man mir nichts übel. Eigentlich sollte es ja nur ein Spaß sein. Aber es wurde wie beim Kopfsprung, wenn man aus Versehen mit dem Bauch aufs Wasser schlägt ...«

Aus dem Consilium abeundi wurde selbstverständlich nichts. Der Rektor dachte rückblickend an seine Rede auf die deutschen Mädchen und zog es vor, das Signal zum Lachen zu geben. Nur Herr Kandidat Hofmann hatte mehrere Wochen nichts zu lachen.

Kasperle besucht Berlin

Erste Szene.

Silvesternacht 1931. Wolkenfetzen ziehen über den Himmel. Die Sterne zwinkern nervös mit den Augen. Der Sturm heult. Es regnet Punsch.
Am Tiergarten steht ein Polizist. Er hat den Kopf erhoben und läßt sich den Punsch in den vor Staunen offenen Mund regnen.

Kasperle (fällt, wie aus den Wolken, vor dem Beamten nieder und sagt):
Entschuldigen Sie, ich komm vom Mond.
Polizist: Wie ist es da oben?
Kasperle: Unbewohnt!
Polizist: Was wollen Sie hier? Mir ist das nicht klar.
Kasperle: Bitte, wo komm ich zum Goethe-Jahr?
Polizist (zieht sein amtliches Auskunftsbuch, blättert und sucht unter G).
Kasperle: Sie glauben kaum, wie gespannt ich bin.
Polizist: Folgen Sie mir. Ich bringe Sie hin.
(Die beiden setzen sich in Bewegung. Der Sturm heult noch immer.)

Kasperle (zeigt auf das Reichstagsgebäude):
Können Sie sagen, Herr Polizist,
was das hier für ein Gebäude ist?
Polizist: Ich bin noch nicht lange in diesem Revier.
So viel ich hörte, ist das hier
die Aula der Deutschen, also ein Saal,
in dem an hohen Feiertagen
Minister kernige Sprüche aufsagen.
Früher einmal, früher einmal,
da tagte, ich weiß nicht, wie man das nennt,
in diesem Hause das Pa ... Parla ...
(An dieser Dialogstelle erhebt sich der Sturm, von der vierten Notverordnung befeuert, zu einer derartigen Lautstärke, daß die – möglicherweise politischen – Bemerkungen überhört werden. Der Polizist wird schließlich wieder vernehmlich:)
Weil man das Gebäude kaum noch braucht,
ist ein beachtlicher Plan aufgetaucht:
Man hat erwogen, sich umzustellen!
Man teilt das Haus in kleine Parzellen.
Es wird ein Wohnblock für Junggesellen.
Kasperle: Recht interessant, ganz offenbar!
Doch bitte, wo komm ich zum Goethe-Jahr?

Zweite Szene.

Der Sturm heult noch immer. Kasperle und der Polizist kämpfen mühsam gegen den Punschregen an. Plötzlich finden sie die Straße von einer Volksmenge gesperrt. Die Leute stehen dicht gedrängt vor einem Haus, in dessen Fenstern ehrwürdige Männer lehnen. Diese Männer tragen Zylinderhüte und halten Preislisten in den Händen.

Kasperle: Was ist denn das für ein seltsames Haus?
Und wozu blicken die Männer heraus?
Polizist: Das sind die amtlichen Wirtschaftsräte.
Sie berichten von ihrer neusten Enquête.
Chor der Wirtschaftskenner:
Wir senken die Löhne, wir senken die Preise,
und möglichst beides gleicherweise.
Immer reden, und niemals denken.
Vielleicht sinkt die Not, wenn wir alles senken.
Ein Mann aus der Menge:
Wenn alles sinkt, wachsen nur die Schulden!
Chor der Wirtschaftskenner:
Ruhe da unten! Ihr müßt euch gedulden.
Wir senken die Preise. Wir senken die Löhne.
Eine Frau aus der Menge:
Und wer zahlt die Schulden?

Chor der Wirtschaftskenner:
Die Söhne! Die Söhne!
Junger Mann aus der Menge:
Wir sollen hungern für eure Fehler?
Ihr ökonomischen Märchenerzähler!
Ihr ...
(An dieser Stelle erhebt sich der Sturm, von der vierten Notverordnung befeuert, zu einer solchen Lautstärke, daß die – möglicherweise politischen – Bemerkungen nicht zu hören sind. Erst dem Chor der Wirtschaftskenner gelingt es, den Sturm zu übertönen.)
Chor der Wirtschaftskenner:
Wir senken sogar den Warenumlauf.
Im neuen Jahre ist alles glatt.
Wir senken und hören nicht früher auf,
bis der Wirtschaftskörper Senkfüße hat.
Das geht so weiter. Es hat erst begonnen.
Ja, tief gesenkt, ist halb gewonnen!
Kasperle (hält sich die Ohren zu, er durchbricht die Menge und schreit):
Und so etwas halten die Leute für wahr?
Bitte, wo komm ich zum Goethe-Jahr?
Polizist hat Mühe, ihm zu folgen.

Dritte Szene.

Der Sturm hält an. Kasperle rennt in ein Gebäude hinein, um zu verschnaufen. Der Polizist folgt ihm. Sie stehen in einem großen überfüllten Saal.

Polizist: Das, was Sie suchen, hier finden Sie's nicht!
Kasperle: Wo sind wir denn hier?
Polizist: Im Landgericht.
Kasperle: Wer sind die Leute auf jenen Bänken?
Polizist: Die Angeklagten. Das läßt sich doch denken!
Kasperle: Das sind ja aber beinahe hundert!
Polizist: Man muß schon vom Mond sein,
  wenn einen das wundert.
Chor der Angeklagten:
  Wir haben nicht das geringste verbrochen.
  Wir haben bestochen und wurden bestochen.
  Hoher Gerichtshof! Meine Herren!
  Wie kommt man dazu, uns einzusperren?
Die Rechtsanwälte:
  Der Staatsanwalt findet dergleichen betrüblich.
  Wie kommt er dazu? Das ist doch ortsüblich!
  Er weiß auch, von wem die Projekte stammten.
Die Angeklagten:
  Nicht wir fingen an, sondern die Be…
Der Vorsitzende (klingelt, von der vierten Notverordnung be-

feuert, an dieser Stelle so mächtig, daß die – möglicherweise politischen – Bemerkungen nicht zu hören sind. Das Läuten läßt erst nach, als der Staatsanwalt spricht.)

Der Staatsanwalt:
Herr Präsident! Meine Herren Richter!
Wir sind das Volk der Denker und Dichter.
Und deshalb haben wir die Pflicht ...

Die Angeklagten (erheben sich und konjugieren):
Ich besteche, du bestichst, er besticht.
Ein jeder Mensch hat seine Schwächen.
Wir bestechen, ihr besticht, sie bestechen.
(Unter den rauschenden Klängen eines Disharmoniums singen sie das Imperfektum und das Futurum.)

Polizist: Da sehn Sie mal, wie es ist und wie's war.

Kasperle ergriffen:
Bitte, wo komm ich zum Goethe-Jahr?

Vierte Szene.

Auf der Straße wird den beiden der Weg durch ein vorbeimarschierendes Armeekorps versperrt. Diesem folgt, auf einem geräderten Panzerkreuzer, ein Marinekorps. Der Sturm heult wie s. o.

Kasperle: Geht's in den Krieg? Und wer gegen wen?

Polizist: Sie sollten ein bißchen genauer hinsehn.
Was hier vorbeizieht, sehen Sie,
ist unsere deutsche Film-Industrie.
An Hand ihrer Marine und ihres Heers
verfilmt sie die Wonnen des Militärs.
Chor der Soldaten:
Soldatenleben,
ei, das heißt lustig sein.
Wir sind und bleiben
ein Militärverein.
Chor der Matrosen: Das ist das Leben der Matrosen.
Wir fahren zur See
im Filmatelier.
Wir haben lange blaue Hosen,
aber leider keine Filmidee.
(Auf der Kommandobrücke des Panzerkreuzers steht ein dikker Industrie-Kapitän und erteilt seine Befehle. Die Produktionsleiter tragen Oberstenuniform. Die Autoren bekleiden den Rang von überzähligen Gefreiten. Der Sturm heult im Marschtakt.)
Kasperle: Was soll denn der bunte Aufzug bedeuten?
Gefällt das wirklich so vielen Leuten?
Polizist: Die Einwohner Deutschlands schwärmen enorm
für Ruck und Zuck und Uniform.
Man kann wohl sagen: Der Korporal
ist Deutschlands männliches Ideal.

Kasperle: Ist das Ihr Ernst? Na, hören Sie mal.

Der Polizist (will antworten, wird aber vom Sturm, den die vierte Notverordnung befeuert, übertönt, so daß die – möglicherweise politischen – Bemerkungen nicht zu hören sind. Statt dessen wird aus den Wolken eine posaunenartige Stimme laut):

Darüber darf nicht gesprochen werden!
Maul halten! Und Friede auf Erden!

Der Polizist (hält sich den Mund zu. Der Sturm läßt nach.)

Kasperle (mustert entsetzt die vorüberziehenden Filmregimenter und Filmflottillen):

Das ist ja gräßlich, Herr Kommissar!
Ich suche doch aber das Goethe-Jahr …

Fünfte Szene.

Es regnet Punsch. Der Sturm heult. In der Ferne verklingt Marschmusik. Der Polizist zeigt auf ein Haus:

Da steht's ja endlich! Da sind wir schon!

Kasperle (liest ein Schild):

Sitzung der Goethe-Jahr-Kommission.

(Sie treten ein. Der Saal ist von Professoren, Rundfunkintendanten und Theaterdirektoren überfüllt. Alle rufen durcheinander.)

1. Professor:
Das Thema, das man behandeln muß,
heißt: Goethes Beziehung zum Reißverschluß.
2. Professor:
Mein Vortrag, gestützt aufs Goethe-Archiv,
lautet: Goethe und der Infinitiv.
1. Theaterdirektor:
Wir werden keine Zeit verlieren
und Goethes Haushaltbücher dramatisieren.
Ein Rundfunkintendant:
Wir hätten gern den »Götz« gewagt.
Doch die Rundfunkzensur hat es untersagt.
Nun senden wir also nach sämtlichen Orten
eine Auswahl aus Büchmanns »Geflügelten Worten«.
2. Theaterdirektor:
Wir werden gar nichts von Goethe bringen.
Man kann doch schließlich den »Faust« nicht singen!
Zwei Theaterdirektoren (anscheinend Brüder, im Chor):
Wir bringen in unserm beliebten Haus
den »Alternden Goethe« als Singspiel heraus,
mit Christiane und Frau von Stein.
Er liebt sie zu dritt. Er liebt sie zu zwein.
Im zweiten Akt tritt dann Schiller ein.
Er ist verkleidet, wird Goethes Diener,
doch Goethe erkennt ihn im dritten Akt.
Text und Musik schreiben uns acht Wiener.

Und Fräulein von Levetzow tanzt halbnackt.
Nur so, mit Tanzen und Witzen und Singen,
kann man den Goethe dem Volk nahebringen.

Die Mehrheit der Anwesenden:
So muß man's machen. So ist es richtig.
Der Goethe ist tot. Das Geschäft ist wichtig.

Die zwei Brüder:
Bei unserm Aufgebot an Sängern
ist eins von vornherein klar:
Wir werden die Aufführungszeit verlängern,
bis ins übernächste Jahr.

Ein Außenseiter (wird wütend und schreit):
500 Professoren sitzen hier, knapp
und schlecht gerechnet, ihr Goethe-Jahr ab.
Es hat keinen Sinn, Herrn Goethe zu preisen.
Man muß ihn verstehn und das täglich beweisen.
Und alle, die draußen prügeln und töten,
haben keinen Anspruch auf Goethen.
Sie sollten ihn endlich auch einmal lesen!
Der Mann ist ein Europäer gewesen!
Für euren verbohrten Standpunkt ist
Goethe ein deutscher Kulturbolschewist!
Gebt das doch endlich offen zu!
Alles andre ist bloßes ...
(An dieser Stelle schreien, von der vierten Notverordnung befeuert, die meisten Anwesenden wild durcheinander, so daß

die – möglicherweise politische – Fortsetzung der Aussprache ungehört bleibt.)

Mehrere Anwesende:
Wer ist denn der Bursche überhaupt?
Derartige Reden sind nicht erlaubt.
(Von draußen dringen herzhafte Studenten in den Saal und machen den jungen Mann dem Erdboden gleich.)

Kasperle (fragt einen der Eindringlinge):
Hochzuverehrender Herr Student!
Halten Sie das für ein Argument?

Student: Er ist zertreten, die giftige Kröte.
Es lebe das Prügeln! Es lebe Goethe!

Ein Theaterdirektor:
Und eröffne ich bald eine Goethe-Bar.

Kasperle (tief ergriffen): Was ist das alles?

Polizist: Das Goethe-Jahr!

Sechste Szene.

Der Sturm heult. Die Kirchenglocken läuten das Neue Jahr ein. Auf der Straße stehen und aus den Fenstern schauen Leute. Sie haben Gläser, brüllen »Prost Neujahr!« und sind relativ gehobener Stimmung.

Kasperle (reicht dem Polizisten die Hand zum Abschied):

Mein lieber uniformierter Vergil!
Was Sie mir zeigten, war wenig und viel.
Das Goethe-Jahr war nicht dabei.

Polizist: Wem sagen Sie das!

Kasperle: Der Polizei.
Der Anblick hat sich trotz allem gelohnt.
Nun fahr ich wieder hinauf auf den Mond.
Er hat einen Vorzug: er ist nicht bewohnt.
(Er geht in tiefe Kniebeuge, springt hoch und entschwebt allmählich.)

Polizist (nimmt den Helm ab und winkt gerührt).

Kasperle (winkt bergab und singt folgendes Lied):
Es scheint, als sei hierzulande
Vernunft eine Art von Schande.
Soll denn der Mensch, als sei das ein Glück,
marschmarsch! auf die alten Bäume zurück?
Das Leben wird niemals wieder, wie's war.
Es werde besser! Prosit Neujahr!
Hebt euer Glas mit Punsch!
Hört meinen Neujahrswunsch:
Ihr solltet euch lieber schützen und stützen,
statt daß ihr einander stoßt und erbost.
Prosit heißt deutsch: Es möge nützen!
Also: Prost!
(Er steigt immer höher und singt die zweite Strophe:)
Ihr wart nur selten vernünftig.

Vielleicht versucht ihr's künftig?
Nehmt doch endlich den Kopf in die Hand!
Noch keiner kam mit dem Kopf durch die Wand.
Soll denn das Leben bleiben, wie's war?
Es werde besser. Prosit Neujahr!
Hebt euer Glas mit Punsch!
Hört meinen Neujahrswunsch:
Ihr solltet euch lieber schützen und stützen
statt daß ihr einander stoßt und erbost.
Prosit heißt deutsch: Es möge nützen!
Also Prost!

Nachwort

»Nicht alles, was Kinder erleben, eignet sich dafür, daß Kinder es lesen.«[1] So schrieb Erich Kästner, als er schon auf die Sechzig zuging, längst ein berühmter Schriftsteller war und Manns genug, von den armseligen und leidvollen Jahren seiner Kindheit zu erzählen, als sei nicht etwa von ihm selbst, sondern von irgendeinem Anton, irgendeinem Arthur oder irgendeinem Emil die Rede.

Seine Erinnerungen an diese Kindheit, wie viele seiner Gedichte, Erzählungen und Kindergeschichten aus versöhnlichem Abstand zu Papier gebracht, sind als Begleitbuch zu diesem Leben zu lesen – auch wenn darin, unter dem listigen Titel *Als ich ein kleiner Junge war*, angeblich nur über die Zeit zwischen 1899 und 1914 berichtet wurde. Für Kästner waren es entscheidende Jahre: »Er reifte, ohne sich bekehren zu müssen. In seiner Welt hatte er von Anfang an recht. Er war schon als Knabe vernünftig und blieb es bis zum Alter. Die Vernunft und seine Mutter haben ihn gebildet.«[2] So urteilte Hermann Kesten, der einer seiner engsten und verständigsten Freunde war und das Bild vom jungen Genie gern ein wenig überzeichnete.

Kästners Kindheit begann am 23. Februar 1899, »morgens gegen vier Uhr«[3]. Sie dauerte wenig länger als fünfzehn Jahre und endete am 1. August 1914, an jenem Tag, als der deutsche Kaiser einen Krieg vom Zaun brach, der zum ersten Mal die Welt aus den Angeln zu heben drohte. Was sich lernen läßt aus einem Leben, das dem aberwitzigen Völkerschlachten einigermaßen unversehrt entkommen ist, hat der Schriftsteller Kästner aufgeschrieben, in Verse und Geschichten gekleidet: in gereimte und ungereimte, Tag für Tag und Jahr um Jahr, damit nichts, auch das Geringste nicht vergessen wird. Eine moralische Anstrengung, auch wenn die Moral in seinen Büchern meist mit ironischem Augenzwinkern zur Sprache kam.

Er war der Sohn einer Näherin, die sich zur Friseuse ausbilden ließ, weil das Geld nicht reichte, und eines Sattlers, dem die Schulden so weit über den Kopf gewachsen waren, daß er seinen Laden aufgeben mußte und sich lieber als Facharbeiter verdingte. In Wahrheit eine fromme Legende, an der Kästner sein Leben lang festhielt: um seine Mutter nicht in Verlegenheit zu bringen und sich selbst nicht zu gefährden. Sein leiblicher Vater nämlich war der Sanitätsrat Dr. Emil Zimmermann, Hausarzt der Familie und Mitglied des Gemeinderats der Israelitischen Religionsgemeinde in Dresden. Erich Kästner, dessen Bücher die Nationalsozialisten am 10. Mai 1933 ins Feuer werfen ließen, »war also als getarnter Halbjude in Deutschland geblieben«[4], wie Werner Schneyder es formulierte, dem wir den Hinweis auf die tatsächliche Abkunft verdanken[5].

In Kästners Kindheitserinnerungen und in den Briefen an seine Mutter war »der freundliche Hausarzt mit dem Knebelbart«[6] ein Vertrauter, der nicht nur als Arzt die Entwicklung des begabten Sohns sehr aufmerksam verfolgte, und so etwas wie ein guter Onkel, der nicht selten die Rolle und die Aufgabe des Vaters zu übernehmen schien. Dann vor allem, wenn Erich unter dem Eindruck der wiederholten Selbstmorddrohungen seiner Mutter Rat und Hilfe suchte – und von dem in alle familiären Belange eingeweihten väterlichen Freund auch bekam.

»Ihr Leben galt mit jedem Atemzuge mir, nur mir«, notierte Kästner in seinen Erinnerungen. »Darum erschien sie allen anderen kalt, streng, hochmütig, selbstherrlich, unduldsam und egoistisch. Sie gab mir alles, was sie war und was sie hatte, und stand vor allen anderen mit leeren Händen da, stolz und aufrecht und doch eine arme Seele. Das erfüllte sie mit Trauer. Das machte sie unglücklich. Das trieb sie manchmal zur Verzweiflung.«[7] In solchen Augenblicken versuchte sie davonzulaufen, ließ für den Sohn einen hastig bekritzelten Zettel zurück, auf dem sie von ihm Abschied nahm, als werde er sie nie mehr wiedersehen. In panischer Angst hetzte er dann durch die Straßen, auf den Fluß und die steinernen Brücken zu, wo er sie fast jedesmal fand. Wachsbleich und bewegungslos blickte sie aufs Wasser, als warte sie nur darauf, von ihm aus dieser Erstarrung erlöst zu werden. Einige Male suchte er sie vergeblich, bebend vor Angst, »ich könne Boote entdecken, von denen aus man mit langen Stangen nach jemandem fischte, der von der Brücke gesprungen war«[8]. Da war es stets die Mutter, die ihn erlöste, wenn er, ohnmächtig vor Erschöpfung, auf ihrem Bett eingeschlafen war.

Diese Szene glauben wir zu kennen. Kästner hat sie wiederholt geschildert, wenn er davon erzählte, wie einem Kind zumute ist, das einen schrecklichen Traum lang fürchten muß, seine unendlich geliebte Mutter für immer verloren zu haben: »Er klopfte in kurzen Abständen sechsmal und klingelte wieder. – Er legte das Ohr an die Tür. Drinnen schlug ein angelehntes Fenster. – Er wurde ungeduldig, rundete den Mund dicht am Schlüsselloch und rief: ›Mama! Mama, Ma–ma!‹ Aber sie kam nicht. – Er trommelte mit der Faust an den Briefkasten und klingelte wie das Telephon klingelt, wenn es allein in der Wohnung ist. Dann wurde er unruhig, bekam es mit der Angst und trat mit dem Stiefel gegen die Tür! Nichts rührte sich. Wo sie nur stecken mochte? Wenn sie nur beim Fensterputzen nicht auf die Straße – ... Doch das hätten die Leute ja merken müssen. Und dabei roch es so gut nach Eierkuchen! Jetzt freilich hätte er gar keinen Eierkuchen gemocht. Er klingelte noch einmal. Aber ganz behutsam, als wollte er nicht stören ... Dann setzte er sich auf die Treppe, holte tief Atem, stopfte die Fäuste unters Kinn und guckte zum Schlüsselloch hinüber, als sei es ein verzaubertes Auge ...« So der dramatische Auftakt zu der 1927 zum ersten Mal gedruckten Erzählung *Peter* (S. 81f.).

Wie die Mutter zu verzweifeln drohte, weil sie fürchtete, ihrem einzigen Sohn nicht die Liebe gegeben zu haben, die er verdiene, ließ der, wenn er Geschichten erfand, die in Wahrheit aus seinem Leben gegriffen waren, den Sohn davonlaufen, weil er seiner Mutter nicht mit leeren Händen gegenüberzutreten vermochte. Die Erzählung *Der Topf mit Hindernissen* aus dem Jahr 1925 liefert dafür ein schönes Beispiel: »Es war furchtbar. Die Mutter ließ die Arme sinken und dachte, ihr stünde das Herz still. Der Junge starrte auf die herrlich braunlackierten Scherben, schloß die Augen und merkte, daß er gleich weinen würde. Da drehte er sich um, schluchzte ein einziges Mal auf, rannte durch den finsteren Flur, riß die Vorsaaltür fast aus den Angeln und raste die Treppe hinunter.« (S. 55)

Was dann geschieht, gleicht einem Märchen. Vor dem Haus steht ein Automobil, mit dem Peter, wie Kästner ihn auch in dieser Geschichte genannt hat, zu einem bengalisch erleuchteten Warenhaus fährt, um der Mutter zu Weihnachten einen neuen Topf zu kaufen. Er trifft auf Aschenbrödel, die wunderschöne Goldbrokatschuhe anprobiert, und auf den winzigen Däumling, dem die Siebenmeilenstiefel nicht passen wollen, läuft nicht nur dem Mädchen mit den Sterntalern über den Weg, sondern auch Schneewittchens Stiefmutter und den Sieben Schwaben ebenso wie Ali Babas vierzig Räubern. Gewiß findet Peter Ersatz für den zerbrochenen Topf. Und selbstverständlich erwacht er im rechten Moment aus seinem tiefen Traum.

Sehr oft sind es Träume unglücklicher Kinder, die in diesen Geschichten geträumt werden, Träume von einer »Kaserne für böse Eltern« zum Beispiel, in denen sie behandelt werden, »wie sie ihre Kinder behandelt hatten«. (S. 86) Dort geht es zu wie in der »Verkehrten Welt« aus Kästners drittem Kinderroman *Der 35. Mai*, klingt in allen Einzelheiten allerdings deutlich brutaler: »In der ›Station für schwere Fälle‹ traf Peter seinen Klassenkameraden Arno. Der sah furchtbar verprügelt aus und zeigte stumm auf seinen Vater, der, in kurzen Hosen, vor einem Magnetofen stand und zusehen mußte, wie seine mit geriebener Semmel panierte Hand in einem Tiegel schmorte. Der rohe, grobschlächtige Mann war blaß und starrte entsetzt auf die Hand, die einem Kotelett immer ähnlicher wurde. Peter fand das abscheulich, aber der Inspektor sagte ihnen, Arnos Vater verdiene es nicht besser, und man habe an seinesgleichen schon die verschiedensten Methoden probiert; aber das Händebraten habe sich als das wirksamste Mittel erwiesen. Man wende es auch nur bei ganz besonders bösen, grausamen Eltern an, die dächten, Kinder wären zum Quälen da.« (S. 86)

Im *35. Mai*, wenige Jahre später, ist aus der Kaserne eine Schule geworden – nicht für böse, sondern für schwererziehbare Eltern. Sie werden erzogen, indem milde und allemal nachsichtig »Gleiches mit Gleichem«[9] vergolten wird. Zwar werden grausame Väter auf den Balkon gesperrt, werden Rabenmüttern Fastenkuren verordnet und besonders Uneinsichtigen gelegentlich Schläge auf den Hinterkopf verabreicht. Doch das schmerzt die Kinder, weil sie zweifellos die besseren Menschen sind, fast mehr als ihre Eltern. Das sarkastisch geschilderte Händebraten, wie Peter es mit ansehen muß, hätte da einigermaßen befremdlich gewirkt und, in einem Roman für Kinder, ohne Zweifel viel zu lange Schatten geworfen.

Die Anregung, Bücher für Kinder zu schreiben, verdankte

Erich Kästner der Verlegerin Edith Jacobsohn, der Witwe Siegfried Jacobsohns, an dessen Zeitschrift »Die Weltbühne« er seit 1926 mitarbeitete. »In Ihren Kurzgeschichten kommen häufig Kinder vor«, habe sie ihn gedrängt. »Davon verstehen Sie eine ganze Menge. Es ist nur noch ein Schritt. Schreiben Sie einmal nicht nur über Kinder, sondern auch für Kinder!«[10] Der Lyriker Kästner pflegte als zeitkritischer Satiriker aufzutreten, mit schroffen, oft aggressiven und sarkastischen Untertönen: ein Moralist, der seinen Witz und seine Schlagfertigkeit wie eine Waffe nutzte – zu Zwecken der Selbstverteidigung so wirkungsvoll wie zu gemeinnützigem Widerstand gegen ideologische Dummheit und politischen Aberwitz. Der Kinderbuch-Autor Kästner dagegen scheint aus einem völlig anderen, einem weicheren und helleren Holz geschnitzt: ein freundlich lächelnder, verständnisvoller und stets gutgelaunter väterlicher Freund, der natürlich weiß und auch nicht verschweigt, wie gemein und gefährlich, wie finster und feindselig die Welt der Erwachsenen sein kann, und der gleichwohl für alle auf ein gutes Ende hofft und fest daran glaubt, daß es mit Tapferkeit und Mut, Verantwortungsgefühl und Solidarität ins Werk zu setzen sei. Wenn nicht in der Welt der Erwachsenen, dann doch wenigstens in der Welt der Kinder.

In seiner Rede vor den Mitgliedern des PEN-Clubs, die er 1948 in Zürich wie eine Befragung der eigenen Person vortrug, hat Kästner den vermeintlichen Widerspruch zwischen dem aggressiven Zeitkritiker und dem liebenswürdigen Märchenerzähler ausdrücklich thematisiert. Und erklärt: »Als ich ihn einmal fragte, warum er neben seinen bitterbösen Satiren Bücher für kleine Jungen und Mädchen schreibe, gab er eine Antwort, die uns aus der Klemme helfen kann. Die Attacken, sagte er, die er, mit seinem als Lanze eingelegten Bleistift, gegen die Trägheit der Herzen und gegen die Unbelehrbarkeit der Köpfe ritte, strengten sein Gemüt derartig an, daß er hinterdrein, wenn die Rosinante wieder im Stall stünde und ihren Hafer fräße, jedesmal von neuem das unausrottbare Bedürfnis verspüre, Kindern Geschichten zu erzählen. Das täte ihm über alle Maße wohl. Denn Kinder, das glaube und wisse er, seien dem Guten noch nahe wie Stubennachbarn. Man müsse sie nur lehren, die Tür behutsam aufzuklinken.«[11] Darum erfand er Geschichten, die ihnen mit Hilfe anschaulicher und glaubwürdiger Beispiele vor Augen führen sollten, was das Gute an der Moral sei und was man im Leben auszurichten vermag, wenn darüber Einigkeit herrscht. *Parole Emil* wurde die optimistische Formel dafür.

Von Emil Tischbeins Glauben an den gerechten Lohn der guten Tat freilich sind die Kinderfiguren in den frühen Geschichten Erich Kästners, die dieser Band versammelt, so weit entfernt wie die Erwachsenen. Es sind meist die gleichen Schauplätze und oft dieselben Personen wie in seinen Romanen. Doch ihre Schicksale verlaufen im Ungewissen, nicht selten mit todtraurigem Ende. Daß in den Familien, von denen Kästner erzählt, die Väter früh gestorben sind, wissen wir von Emil: »Als Emil fünf Jahre alt war, starb sein Vater, der Herr Klempnermeister Tischbein«[12]. Mäxchen Pichelsteiner, im *Kleinen Mann*, widerfährt dasselbe: »Als Mäxchen sechs Jahre alt war«, vernehmen wir gleich am Anfang der Geschichte, »verlor er seine Eltern. Das war in Paris, und es geschah ganz plötzlich und unerwartet.«[13] Johnny Trotz aus dem *Fliegenden Klassenzimmer* ist vier, als sein Vater sich auf Nimmerwiedersehen von ihm trennt. Auch Pünktchens Anton, auch Lotte aus dem *Doppelten Lottchen* wächst ohne Vater auf. Denn in Kästners Kinderbüchern gibt es Väter gewöhnlich nur in der untergeordneten Rolle von Statisten. Nicht selten, daß die Mutter oder ein guter Onkel den Vater vollauf zu ersetzen versteht – wie im richtigen Leben der Kästners offenbar nicht anders.

Wo Väter vorkommen, treten sie allenfalls als Kontrastfiguren in Erscheinung: »Am Abend, als ihn die Mutter ins Bett brachte, sagte er: ›Ärgerst du dich sehr, daß der Vater deinen Geburtstag vergessen hat?‹ – ›Ach wo‹, meinte sie, strich die Decke glatt und lächelte. ›Ach wo, das ist gar nicht so schlimm. Er ist nun mal so.‹ – ›Aber wenn er anders wäre, wär's besser, nein?‹ Die Mutter setzte sich auf die Bettkante. ›Ich habe ja dich, mein Junge.‹« (S. 66) So lesen wir in einer Kindergeschichte aus dem Jahr 1930 mit dem Titel *Die sieben Sachen.*

»Seine Mutter war Witwe; noch jung, oft krank, für ewig enttäuscht«, erfahren wir aus der Erzählung *Ein Musterknabe.* »Längst wäre sie an jenem Leiden gestorben, das man, höchst anschaulich, ›ein gebrochenes Herz‹ nennt, wenn sie nicht ihn, den kleinen Jungen, gehabt hätte. Seinetwegen lebte sie weiter oder genauer: existierte sie fort. Sie nähte für große Fabriken Leibwäsche; Taghemden und Nachthemden, Unterröcke und Mieder; auf der Nähmaschine und mit der Hand; im Akkord und gegen Stundenlohn; vom Morgen bis in die Nacht hinein, und zuweilen von nachts bis früh. – Sie lebte nicht. Sie nähte.« (S. 91) Natürlich stammen die Personen, Kulissen und Requisiten dieser Geschichte aus den Erinnerungen des Schriftstellers Erich Kästner an seine eigene Kindheit. Die Dresdner Neustadt war seine emotionale Heimat: sein Vineta, das viele von Kästners Büchern beschwören, als sei es das Kraftzentrum seiner Welt. Ein mythischer Ort, der für Kästner allerdings mit der abgrundtief traumatischen Verstörung verknüpft war, den Ehemann der Mutter verachten zu sollen und den leiblichen Vater zeitlebens verleugnen zu müssen – aus Gründen, die man tunlichst verschwieg. Eine ödipale Konfiguration, die in ihm den Wunsch geweckt haben mag, vaterlos aufgewachsen zu sein und sich an niemanden so eng wie an die Mutter gebunden zu fühlen.

Man darf Kästners Verhältnis zu seiner Mutter eine intime Beziehung nennen. Sie lebten sie in den oft seitenlangen Briefen aus, die sie einander über Jahre und Jahrzehnte fast täglich geschrieben haben. Eine Nähe auf Distanz, ein Ersatz für das Glück, das Ida Kästner in ihrer Ehe nicht fand und das Erich niemals suchte. »Wie in einem Tunnel arbeiteten sie sich am Leben vorbei«, heißt es in der Erzählung *Ein Musterknabe*. Ein Satz, der wie das heimliche Motto dieser frühen Geschichten anmutet. Der Lichtschein am Ende des Tunnels trügt: »Er schloß lange die Augen, blickte in sich hinein und erschrak bis zur Blässe, als er sah: er sei für ewig müde, für immer leer ... Er wußte jetzt, daß er ein Leben ohne Jugend zu büßen habe. Zwanzig Jahre zu früh hatte er begonnen: Pflichtgefühl zu zeigen; zwanzig Jahre zu spät: Wünschen zu folgen. Als er das erkannt hatte, blieb ihm nur noch ein Kampf übrig: der Mutter sein Ende zu verbergen; ihr, die in der fernen Heimatstadt noch immer über die Nähmaschine gebückt saß, nähte, nähte ... und zuweilen nach der Flurtür ging, weil ihr schien, ein Brief sei in den Kasten geworfen worden.« (S. 94f.) Ganz anders als die durchaus selbstironisch bespöttelten Musterknaben in späteren Gedichten und Erzählungen ist der Titelheld dieser Geschichte eine tragische Figur, die ihrem Leben ein Ende setzt, weil es in Wahrheit nie ein verlockendes Ziel erkennen ließ.

»Und dann erhängte er sich in der Schlafkammer. An der Türklinke ...« (S. 99) Eine ähnlich trostlose Geschichte. Kästner hat sie *Ein Menschenleben* überschrieben. Sie handelt von einem, dem nichts geblieben ist außer der Erinnerung an die Jugendzeit vor mehr als sechzig Jahren. Und die Geige, auf der er seine Träume zusammenkratzt. Seine Mutter hat sie ihm geschenkt, als er ein kleiner Junge war. Nun wohnt er bei seiner Tochter und fällt allen zur Last, weil er nicht einmal sein Scherflein zur Miete beizutragen vermag. »Einmal stand er schon mittags von der Bank auf. Ging heim. Sie waren auf der Arbeit. Er wollte etwas essen. Der Küchenschrank war abgeschlossen. – Da setzte er sich ans Fenster. Und weinte. Es tat gar nicht weh, das Weinen … Dann zählte er sein Geld.« (S. 99) Und dann, als sei damit auch die letzte Schuld getilgt, erhängt er sich in der Schlafkammer.

Man glaubt, in der Gestalt dieses gedemütigten alten Mannes, der sein Leben aufgibt, weil er es vertan zu haben glaubt, den Sattlergehilfen Emil Kästner wiederzuerkennen – in den Konturen, die sein Sohn vom ihm gezeichnet hat: »Die eigne Werkstatt dicht neben der Wohnung existierte nicht mehr. Die Lehr- und Hungerjahre, die Hunger- und Wanderjahre, die drei Meister- und Kummerjahre waren vergeblich gewesen. Der Traum war aus. Das Geld war fort. Schulden mußten abgezahlt werden. Die Maschinen hatten gesiegt.«[14] Dem Sattler Emil Kästner allerdings, anders als seinem Spiegelbild in der Erzählung *Ein Menschenleben*, stand eine ebenso energische wie ambitionierte Ehefrau zur Seite, die am Leben niemals verzagte, weil es mit ihrem Sohn ein zweites Mal begann. Dem Erzähler Erich Kästner war es durchaus bewußt: »So selbstverständlich es den Müttern ist, ihr Leben dem der Kinder zu opfern, so seltsam dünkt es manchmal die Kinder, daß es jemanden gibt, der ihr Glück mit dem seinen zu erkaufen scheint.« (S. 92)

So steht es, ein wenig versteckt und wie beiseite gesprochen oder an den Rand geschrieben, im *Musterknaben*. Gedruckt wurde er zum ersten Mal am 7. Februar 1926 in der Unterhaltungsbeilage der »Neuen Leipziger Zeitung«.

Kästner war damals Redakteur dieses Blattes, arbeitete aber auch für andere Zeitungen und Zeitschriften, teils unter Pseudonym, weil er Ärger mit seinen Vorgesetzten fürchtete.

Schon 1920, eben einmal zwanzig Jahre alt, hatte er seine erste Erzählung veröffentlicht: *Die Kinderkaserne.* Die Geschichte handelt von einem Jung en, der im Gymnasium nachsitzen muß, während zu Hause seine Mutter mit dem Tod ringt. Er flüchtet aus dem Schulgefängnis, sieht gerade noch seine Mutter sterben, kehrt zurück und erwürgt den Knaben, der ihm das Nachsitzen eingebrockt hatte. *Die Kinderkaserne* ist eine der wenigen Erzählungen ohne Happy-End, die Kästner später in seine *Gesammelten Schriften* aufnahm. Nicht daß er sich von seinen bitteren Geschichten distanziert hätte, aber sie paßten vielleicht nicht mehr in das Bild eines Kinderbuchautors, der an das Gute im Menschen glauben wollte.

Der vorliegende Band versammelt die wichtigsten dieser Texte, die seit ihrem ersten Erscheinen in Zeitungen und Zeitschriften noch nicht in Buchform herausgebracht worden sind. In ganz wenigen Ausnahmefällen (wie *Der Topf mit Hindernissen* oder *Die sieben Sachen*) hat sie Kästner in stark fragmentarischer Form in seinen autobiographischen Schriften verarbeitet. Ihren Charakter als eigenständige Erzählungen mit Anfang und Ende büßten sie dabei allerdings ein.

Erschienen sind die Kindergeschichten, die sich auch oder ausschließlich an Erwachsene wenden, vor allen in der »Neuen Leipziger Zeitung« und in »Beyers für Alle«. Kästner war noch vor dem Abschluß seines Studiums, im Frühjahr 1924, in die Leipziger Verlagsdruckerei eingetreten, die verschiedene Tageszeitungen und Unterhaltungsblätter herausbrachte. Die »Neue Leipziger Zeitung« war das Flaggschiff des Konzerns, der zeitweilig zu Ullstein gehörte.

Den großen Bedarf an feuilletonistischen Beiträgen befriedigte Kästner mit einer außergewöhnlich umfangreichen und vielfältigen Produktion, die von Rezensionen über Kommentare und Glossen bis zu Reportagen, Gedichten und Erzählungen reichte. Auch als er die Redaktion im Sommer 1927 nach heftigen Auseinandersetzungen verlassen mußte und als Kulturkorrespondent der »Neuen Leipziger Zeitung« nach Berlin ging, lieferte er weiter regelmäßig Artikel und literarische Texte. Allerdings schrieb er jetzt noch stärker für andere Blätter – vor allem für »Beyers für Alle«.

Seit Oktober 1926 arbeitete er schon für das Familienblatt des Leipziger Schnittmusterverlags Otto Beyer. Für Kästner waren die kleinen Texte schnell und nebenbei erledigt. Im Laufe der Jahre ist dabei eine gigantische Produktion herausgekommen, die bisher noch niemand gründlich analysiert hat. Für das Verständnis seiner Kinderbücher sind die Artikel und Gedichte von nicht zu überschätzender Bedeutung. Die Seiten für die jüngsten Leser in »Beyers für Alle« waren durchaus modern konzipiert. Als »interaktiv« würde man diese Form heute bezeichnen, denn die Kinder wurden auf verschiedene Weise aufgefordert, sich an der Gestaltung der Seiten oder an Preisausschreiben zu beteiligen. Aber so frech manche Texte auch waren und so anschaulich naturwissenschaftliche Fragen aufbereitet wurden, so konventionell war der pädagogische Ansatz. Auch in »Beyers für Alle« hatten sich die Mädchen wie Mädchen und die Jungen wie Jungen zu benehmen. Die erzieherischen Reformbewegungen seiner Zeit schien Kästner bewußt zu ignorieren. Da er aber auch den pädagogischen Zeigefinger vermied und seine Botschaften geschickt verpackte, waren seine Geschichten und Gedichte in »Beyers für Alle« schon so populär wie später seine Kinderbücher. Ohne die kontinuierliche Beschäftigung mit der Kinderseele und mit den Problemen der Jüngsten hätte der Junggeselle Kästner sicherlich kaum einen so erfolgreichen Roman wie *Emil und die Detektive* schreiben können.

Nach dem Ende der NS-Zeit, in der er es ihm verboten war, Artikel oder Erzählungen in deutschen Blättern zu veröffentlichen, knüpfte Kästner, unterdessen wieder ein erfolgreicher Schriftsteller, an diese Tradition an und schrieb für diverse Zeitungen und oft unter Pseudonym kleine Geschichten, die für ihn nicht mehr als Fingerübungen waren, aber trotzdem die herausragende Qualität des beliebtesten deutschen Kinderbuchautors erkennen lassen.

Hermann Kestens Urteil über den Schriftsteller Erich Kästner war gewiß nicht aus der Luft gegriffen: »Er wurde, was er im Kerne schon war. Er blieb identisch mit sich, mit seinen Anschauungen, seinen Werken. Er reifte, ohne sich bekehren zu müssen.«[15] Seine Reife zeigte sich auch in der Gelassenheit, mit der er Kindern Geschichten aus dem Leben erzählte, und im Tonfall, der schon im *Emil* viel freundlicher und merklich frohgemuter klang als in den Etüden, die uns anmuten, als habe er die verträgliche Form, die angemessene Sprache erst finden müssen. Schwergefallen ist es ihm nicht, wie wir aus seinen Büchern wissen, die längst Klassiker der Kinderliteratur geworden sind.

Weil dieser Begriff uns nachhaltig verlegen macht, haben wir die Stücke in diesem Band Kindergeschichten für Erwachsene genannt. Am einfachsten, wir lassen den Autor selbst noch einmal zu Wort kommen, auch wenn es, in seiner Skizze über die *Weisheit der Bücher*, am Ende reichlich emphatisch zugeht: »Wer wagt zu behaupten: er stünde sich selber so fern, daß er sein Leben wie eine Landschaft überschaut? Wer errät den Sinn jener törichten Serie von Zufällen, die seine Existenz ausmachen? Jeder ist Durchgangsstation für hunderttausend Erlebnisse; das Leben vollzieht sich unsichtbar hinter dem Kulissenbau der Tatsachen. Nur wenige Menschen – selten sind sie und früher hießen sie Dichter –, nur sie erkennen, was den anderen einfach passiert. In ihren Romanen hat plötzlich Zusammenhang, was sonst ohne Beziehung; hier hat Sinn, was sinnlos schien. Zufall enthüllt sich als Schicksal; aus dem Wirrwarr löst sich das Gesetz.« (S. 106f.)

fjg/hs
Frankfurt am Main, im Juni 1998

Anmerkungen

1 Erich Kästner: *Als ich ein kleiner Junge war.* In: *Werke in 9 Bänden.* München 1998. Bd. 7: *Parole Emil*, S. 10

2 Hermann Kesten: *Erich Kästner.* In: Erich Kästner: *Gesammelte Schriften in sieben Bänden.* Zürich 1959. Bd. 1: *Gedichte*, S. 5

3 Erich Kästner: *Als ich ein kleiner Junge war.* A.a.O., S. 43

4 Werner Schneyder: *Erich Kästner. Ein brauchbarer Autor.* München 1982, S. 20

5 Vgl. Franz Josef Görtz/Hans Sarkowicz: *Erich Kästner. Eine Biographie.* München 1998

6 Erich Kästner: *Als ich ein kleiner Junge war.* A.a.O., S. 73

7 A.a.O., S. 103

8 A.a.O., S. 104

9 Erich Kästner: *Der 35. Mai.* A.a.O., Bd. 7: *Parole Emil*

10 Erich Kästner: *Einiges über Kinderbücher.* In: *Gesammelte Schriften für Erwachsene.* Zürich 1969, Bd. 8: *Vermischte Beiträge III*, S. 331

11 Erich Kästner: *Kästner über Kästner.* In: *Werke in 9 Bänden.* München 1998. Bd. 2: *Wir sind so frei*, S. 326

12 Erich Kästner: *Emil und die Detektive. Ein Roman für Kinder.* A.a.O., Bd. 7: *Parole Emil*

13 Erich Kästner: *Der kleine Mann.* A.a.O., Bd. 8: *Eintritt frei! Kinder die Hälfte*

14 Erich Kästner: *Als ich ein kleiner Junge war.* A.a.O., S. 42

15 Hermann Kesten: *Erich Kästner.* A.a.O.

Nachweis der Erstdrucke

Auch das geht vorüber: Beyers für Alle 4, H. 12 vom 19.12.1929

Puppen und kleine Hunde: Beyers für Alle 1, Beiheft 21 vom 11.10.1929 (Ps. Peter Flint)

Ein Puppenduell: Beyers für Alle 2, H. 10 vom 8.12.1927

Grüße auf der Platte: Neue Leipziger Zeitung vom 25./26.12.1930 (Ps. Peter Flint)

Der mißglückte Milliardär: Neue Leipziger Zeitung vom 28.10.1930

Schulespielen: Beyers für Alle 2, H. 8 vom 24.11.1927

Der Gymnasiast schreibt an seine Flamme: Beyers für Alle 2, H. 2 vom 13.10.1927

Zwanzig Autogramme: Neue Leipziger Zeitung vom 26.8.1932

Der Zauberer hinterm Ladentisch: Neue Leipziger Zeitung vom 12.5.1929

Die Staubsaugerballade: Beyers für Alle 1, H. 25 vom 17.3.1927

Das Elefäntchen: Beyers für Alle 2, Beiheft 48 vom 24.10.1929

Die Entlarvung des Osterhasen: Neue Leipziger Zeitung vom 12.4.1925

Die Bäume schlugen aus: Beyers für Alle 1, H. 27 vom 31.3.1927 (Ps. Peter Flint)

Rekord wider Willen: Beyers für Alle 1, H. 45 vom 4.8.1927 (Ps. Peter Flint)

Besuch im Garten: Neue Leipziger Zeitung vom 16.6.1933 (Ps. Peter Flint)

Interview mit dem Weihnachtsmann: Neue Auslese 4, H. 12 vom Dezember 1949

Parade am Weihnachtstisch: Beyers für Alle 2, H. 13 vom 29.12.1927 (Ps. Peter Flint)

Kleiner Kursus in Weihnachtssprüchen: Beyers für Alle 1, Beiheft 26 vom 20.12.1928

Der Topf mit Hindernissen: Neue Leipziger Zeitung und Leipziger Tageblatt vom 25.12.1925

Die sieben Sachen: Berliner Tageblatt vom 16.9.1930

Feier mit Hindernissen: Neue Leipziger Zeitung vom 25./26.12.1932

Aber das hat seine Schwierigkeiten: Beyers für Alle 4, H. 25 vom 20.3.1930 (Ps. Peter Flint)

Peter: Berliner Tageblatt vom 18.12.1927

Ein Musterknabe: Neue Leipziger Zeitung vom 7.2.1926

Ein Menschenleben: Neue Leipziger Zeitung vom 6.5.1923

Gustav hat abgeschrieben!: Hannoversche Rundschau vom 8.6.1959 (Ps. Sebastian)

Weisheit der Bücher: Neue Leipziger Zeitung vom 17.12.1926

Das Fräulein am Reck: Neue Leipziger Zeitung vom 19.2.1928 (unter dem Titel *Boschs Kusine*; als *Fräulein am Reck* erstmals in den Dresdner Neuesten Nachrichten vom 31.1.1932)

Kasperle besucht Berlin: Berliner Tageblatt vom 1.1.1932

Inhalt

Noch mehr weihnachtliche Titel

Barbara Bronnen
Lametta im August – Eine unendliche Weihnachtsgeschichte
Mit Zeichnungen von Jens Rassmus
48 Seiten. Gebunden
ISBN 3-7254-1327-4

In Barbara Bronnens Patchwork-Familien-Geschichte wird Weihnachten im August gefeiert – herrlich ins Bild gesetzt von Jens Rassmus.

Phyllis Theroux
Das wundersame Schneefeuer
Mit Zeichnungen von Phyllis Theroux
128 Seiten. Gebunden
ISBN 3-7254-1287-1

Eine ungewöhnliche, schön-besinnliche Weihnachtsgeschichte in Farbe gesetzt von Gerhard Glück.

Charles Tazewell
**Der kleinste Engel
und der Weihnachtsstern**
80 Seiten. Gebunden
ISBN 3-7254-1286-3

Der kleinste Engel kann beweisen, dass auch die Kleinen zu Großem fähig sind – Charles Tazewells wundervolle Weihnachtsgeschichte verzaubert!

Elke Heidenreich / Michael Sowa
**Erika oder
Der verborgene Sinn des Lebens**
56 Seiten. Gebunden
ISBN 3-7254-1249-9

Eine der schönsten Erzählungen von Elke Heidenreich, illustriert von Michael Sowa: Ein rosa Plüschschwein erobert unsere Herzen!